AF331104

DE LA SITVATION DV PARADIS TERRESTRE
MESOPOTAMIE
ASSYRIE
CHUS
ABABIL DEILAM
PISON
HAVILAH
GOLPE PERSIQVE
APARIS
Chez Jean Anisson
Directeur de L'Imprimerie
Royale

TRAITTÉ
DE
LA SITUATION
DU
PARADIS
TERRESTRE.

A MESSIEURS
DE L'ACADEMIE FRANÇOISE.

Par Messire
PIERRE DANIEL HUET,
nommé à l'Evesché d'Avranches,
de l'Academie Françoise.

A PARIS,

Chez JEAN ANISSON, Directeur de l'Imprimerie Royale, ruë Saint Jacques,
à la Fleur de Lis de Florence.

———————————

M. DC. XCI.
AVEC PRIVILEGE DU ROY.

TABLE
DES CHAPITRES
ET DES SECTIONS
de ce Traitté.

á ij

CHAPITRE PREMIER.

Texte de Moyſe, & expoſition ſommaire de noſtre opinion.

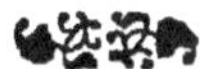

CHAPITRE SECOND.

Explication du huitiéme verſet
du chapitre ſecond de la
Geneſe.

ã iij

CHAPITRE TROISIE'ME.

Continuation de l'explication du huitiéme verset.

CHAPITRE QUATRIE'ME.

Explication du dixiéme verfet.

TABLE

CHAPITRE CINQUIE'ME.

Continuation de l'explication du dixiéme verſet.

CHAPITRE SIXIE'ME.

Explication de l'onziéme verſet.

CHAPITRE SEPTIE'ME.

Continuation de l'explication de l'onziéme verset.

TABLE

CHAPITRE HUITIE'ME.

Continuation de l'explication de l'onziéme verset.

CHAPITRE NEUVIE'ME.

Continuation de l'explication de l'onziéme verset, & commencement de l'explication du douziéme.

CHAPITRE DOUZIE'ME.

Explication du treiziéme verset.

CHAPITRE TREIZIE'ME.

Continuation de l'explication du treiziéme verset.

I. LE nom de Chus se donne à l'Ethiopie, à l'Arabie, & à la Susiane. Il s'agit icy de la

---

CHAPITRE QUATORZIE'ME.

Explication du quatorziéme verset.

CHAPITRE QUINZIE'ME.

Continuation de l'explication du quatorziéme verfet.

CHAPITRE SEIZIE'ME.

Continuation de l'explication du quatorziéme verfet.

CHAPITRE DIX-SEPTIE'ME

Autres preuves de la situation du Paradis terrestre, proposées dans ce Traitté.

CHAPITRE DIX-HUITIE'ME.

On répond aux objections.

CHAPITRE DIX-NEUVIE'ME.

Récapitulation de tout ce Traitté.

Extrait du Privilege du Roy.

PAr Lettres Patentes du Roy données à Fontainebleau le 11. jour d'Octobre 1691. signées BOUCHER, & scellées du grand Sceau de cire jaune, il est permis à Messire PIERRE DANIEL HUET Evesque d'A-vranches, d'imprimer un Livre qu'il a com-posé, & qui est intitulé, *Traitté de la situa-tion du Paradis terrestre* ; & ce pendant le temps & espace de six années consecutives, à commencer du jour que ledit Livre aura esté achevé d'imprimer : avec défenses, &c.

Et mondit Seigneur a cedé le Privilege cy-dessus au Sieur JEAN ANISSON Di-recteur de l'Imprimerie Royale.

Registré sur le Livre de la Communauté des Imprimeurs & Libraires de Paris le 20. Octo-bre 1691. Signé, P. AUBOÜYN, *Syndic.*

Achevé d'imprimer pour la premiere fois le 20. Novembre 1691.

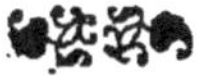

TRAITTÉ

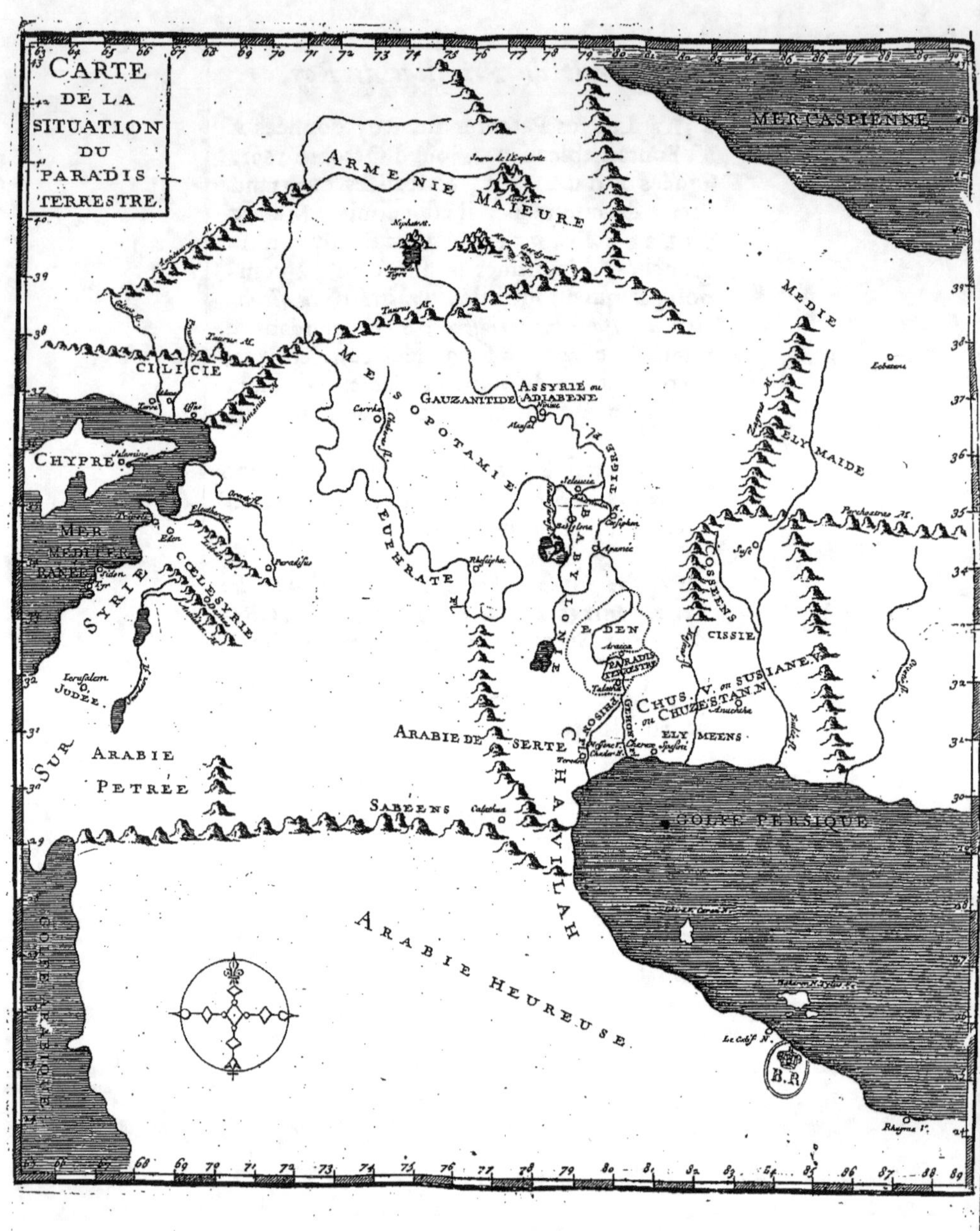
CARTE DE LA SITUATION DU PARADIS TERRESTRE.
MER CASPIENNE
ARMENIE MAIEURE
Source de l'Euphrate
Nyphate M.
Source du Tigre
Taurus M.
MEDIE
CILICIE
Ecbatane
ASSYRIE ou ADIABENE
GAUZANITIDE Ninive
Carrhe
Masat
MESOPOTAMIE
ELY MAIDE
CHYPRE
Salamine
Seleucie
Parchoatras M.
MER MEDITERRANEE
BABYLONE
Babylone
Caspian
SYRIE
CELESYRIE
Rhassphe
P. DEN
OSSIENS
CISSIE
Jerusalem
JUDEE
PARADIS TERRESTRE
CHUS. V. ou SUSIANE ou CHUZESTAN N.
ELY MEENS
ARABIE DESERTE
ARABIE PETREE
SABEENS
CHAVILAH
GOLFE PERSIQUE
GOLFE ARABIQUE
ARABIE HEUREUSE
B.R
Le Colf N.
R.Raymas 1er

TRAITTÉ
DE LA SITUATION
DU
PARADIS TERRESTRE.

A MESSIEURS

DE L'ACADEMIE FRANÇOISE;

PREFACE.

I. Occasion & argument de cet ouvrage. II. Ma-
niere dont il est traitté. III. Diversité d'o-
pinions sur la situation du Paradis terrestre.
IV. sur ce qui a quelque rapport à cette si-
tuation, V. & mesme sur d'autres points
concernant le Paradis, qui sont hors de mon
sujet. VI. M. Bochart, qui avoit dessein
de traitter cette matiere, n'a point fait con-
noistre nettement sa pensée. VII. On ne peut
découvrir la situation du Paradis, que dans
les paroles de Moyse.

I. JE n'ay pas oublié, comme vous voyez, MESSIEURS, la promesse que je vous fis il y a

Occasion &
argument
d cet Ou-
vrage.

A

quelque temps, de compoſer ce Traitté. Ce fût lors qu'eſtant un jour aſſemblez en aſſez grand nombre, & attendant l'heure du travail, on parla de la ſituation du Paradis terreſtre, à l'occaſion d'une Bible qui ſe trouva ouverte ſur la table, à l'endroit du ſecond Chapitre de la Geneſe. Je vous en dis alors mon ſentiment; & comme vous m'en demandiez les preuves, & que j'eſtois preſt de vous les donner, l'heure qui ſonna rompit cet entretien. Vous me diſtes ſeulement en nous ſeparant, que vous ne m'en teniez pas quitte: & moy je repartis que je me chargeois volontiers de la dette, & que je m'en acquiterois toſt ou tard. Je le fais aujourd'huy, MESSIEURS, & je taſcheray que ce ſoit en bonne monnoye. Mais, pour di-

re le vray, je cherche bien moins
en cecy à satisfaire à mon en-
gagement, qu'à mon inclina-
tion. Ayant la gloire d'estre vos-
tre confrere depuis si long-
temps, & ayant esté receu parmi
vous d'une maniere aussi agrea-
ble & aussi favorable que je l'ay
esté, je suis bien aise de vous
donner en public cette marque
de ma reconnoissance, & de me
faire honneur dans le monde du
titre d'Académicien. Mais je suis
plus aise encore d'exprimer la
véneration que j'ay pour un corps
illustre par tant de vertu, tant
d'honnesteté & de politesse, tant
de beauté d'esprit & d'érudition;
& plus estimable par ces quali-
tez, qui le mettent fort au dessus
des atteintes de la médisance &
de l'envie, que par les dignitez
éminentes de la plus part de ceux
qui le composent.

II. Du reste, Messieurs, ne cherchez pas icy l'elegance du discours, ni l'agrément des pensées. Préparez-vous au contraire à une lecture seche, à une recherche épineuse, à l'ennuy des citations, & à essuyer quelque Grec & quelque Ebreu. Une matiere aussi obscure que celle-cy ne peut s'éclaircir que par ces secours. Je l'appelle obscure ; car encore qu'aucune autre n'ait plus éxercé l'esprit & le savoir des Peres de l'Eglise, des Interprétes de la sainte Ecriture, & de toutes sortes de gens de lettres, & qu'elle ait produit une infinité d'ouvrages, à peine y voit-on rien de certain. Leur nombre rendra mon entreprise excusable ; & si je ne réüssis pas, leur éxemple meritera mon pardon.

III. Rien ne peut mieux faire voir combien la situation du Paradis terreſtre eſt peu connue, que la diverſité des opinions de ceux qui l'ont recherchée. On l'a placé dans le troiſiéme ciel, dans le quatriéme, dans le ciel de la Lune, dans la Lune meſme, ſur une montagne voiſine du ciel de la Lune, dans la moyenne region de l'air, hors de la terre, ſur la terre, ſous la terre, dans un lieu caché & éloigné de la connoiſſance des hommes. On l'a mis ſous le Pole Arctique, dans la Tartarie, à la place qu'occupe preſentement la mer Caſpie. D'autres l'ont reculé à l'extrémité du Midy, dans la Terre du feu. Pluſieurs l'ont placé dans le Levant, ou ſur les bords du Gange, ou dans l'Iſle de Ceilan, faiſant meſme venir le nom des Indes du mot d'E-den, nom de la Province où le Paradis eſtoit ſitué. On l'a mis

A iij

dans la Chine, & mesme par delà le Levant, dans un lieu inha-
bité; d'autres dans l'Amerique,
d'autres en Afrique sous l'Equa-
teur, d'autres à l'Orient équi-
noctial, d'autres sur les montagnes de la Lune, d'où l'on a crû
que sortoit le Nil; la pluspart
dans l'Asie, les uns dans l'Armenie majeure, les autres dans la
Mesopotamie, ou dans l'Assyrie,
ou dans la Perse, ou dans la Babylonie, ou dans l'Arabie, ou
dans la Syrie, ou dans la Pale-
stine. Il s'en est mesme trouvé
qui en ont voulu faire honneur
à nostre Europe, & ce qui passe
toutes les bornes de l'imperti-
nence, qui l'ont établi à Hédin,
ville d'Artois, fondez sur la conformité de ce nom avec celuy
d'Eden. Je ne desespere pas que
quelque avanturier, pour l'appro-
cher plus prés de nous, n'entre-

prenne quelque jour de le mettre
à Houdan.

IV. Cette contrarieté de fen-
timens ne fe rencontre pas feulement fur la fituation du Para-
radis, mais encore fur ce qui y
a quelque rapport. Le Phifon
qui eftoit une des branches du
fleuve qui l'arrofoit, eft le Gange, felon plufieurs; c'eft le Nil,
felon d'autres; c'eft l'Hyphafis,
c'eft le Cyrus, c'eft mefme le
Danube; & c'eft enfin le canal
oriental, par où le Tigre & l'Euphrate joints enfemble fe dé-
chargent dans le Golfe Perfique.
On veut que le païs de Chavilah,
par où paffe ce fleuve, foient les
Indes; on veut que ce foit la Sufiane; on veut que ce foit une
partie de l'Arabie. L'on eft partagé fur le Bdellium qui s'y trouve, & l'on ne fait fi c'eft une
gomme aromatique, ou une

A iiij

pierre precieuse, ou des perles.
On ne l'est pas moins sur l'Onyx,
dans l'incertitude si c'est en effet
l'Onyx, ou la Sardoine, ou le
Berylle, ou l'Escarboucle, ou le
Crystal. Le Gehon, qui estoit
une autre branche de ce mesme
fleuve qui sortoit du Paradis,
est le Nil, selon l'opinion la plus
commune; d'autres pretendent
que c'est le Gehon, ruisseau proche de Jerusalem, que l'Ecriture
nomme ailleurs Siloé; d'autres
soustiennent que c'est l'Araxe;
& quelques-uns plus clairvoyans,
mais pas assez pourtant, veulent que ce soit l'embouchure
occidentale du Tigre joint à l'Euphrate. Tout le monde ne convient pas que cette Province
que traverse le Gehon, nommée
Chus dans le texte Ebreu, &
Ethiopie dans la traduction Vulgate, soit l'Ethiopie d'Afrique,

quelques-uns eſtimant que c'eſt
celle d'Arabie.

V. Je paſſe pluſieurs autres
queſtions, que l'on trouve dans
les livres des Theologiens , &
meſme des Peres, comme celle
que propoſe ſaint Auguſtin, ſavoir ſi le Paradis eſt ſpirituel,
ou materiel, ou tous les deux
enſemble; comme cette autre,
ſavoir s'il a eſté créé devant le
monde, comme ſaint Jeroſme
ſemble l'avoir crû aprés les anciens Ebreux, & aprés l'Auteur
du quatriéme Livre d'Eſdras, ou
s'il a eſté créé le troiſiéme jour
avec les plantes de la terre, ou
s'il l'a eſté dans l'ordre que Moyſe en a parlé; & comme celles-
cy encore, ſavoir quelle eſtoit
ſon étenduë, que quelques Interpretes ont déterminée auſſi
affirmativement que s'ils l'a-
voient arpenté; les uns la fai-

A v

& meſme
ſur d'autre
points con
cernans le
Paradis,
qui ſont
hors de mo
ſujet.
Aug. de Ge
neſ. ad lite.
lib. 8. cap
1. & de Ci
Dei, lib.1
cap. 21.
Hieron.
quæſt. Et
in Geneſ.
4. Eſdr.
6.

fant égale à celle de tout l'O-
rient ; d'autres à celle de l'Afie
& de l'Affrique enfemble ; quelques-uns à celle de toute la terre ; & les Thalmudiftes qui ne
donnent point de bornes à leurs
extravagances, foixante fois plus
grand ; favoir s'il y avoit des animaux, ce que quelques-uns ont
nié, oubliant le Serpent fedu-
cteur, & n'y fouffrant pas mefme l'oifeau de Paradis ; favoir
s'il fubfifte encore ; favoir fi E-
noch, Elie, & faint Jean l'Evan-
gelifte, y ont efté tranfportez
vivans, comme dans un azile
contre la mort, pour y demeurer jufqu'à la fin du monde.
Toutes ces queftions font hors
de mon fujet, & je me renferme uniquement dans la recherche de la fituation du Paradis.

*M. Bochart
qui avoit
deffein de*
VI. Feu Monfieur Bochart,
que j'eftime avoir efté un des

plus savans hommes de ce sie-
cle, avoit dessein de traiter cette
matiere. Il le declare en quelques endroits de ses écrits, & il
en parle comme si l'ouvrage eust
esté déja fait, & comme si son
Phaleg n'en eust esté qu'une suite. J'ay ouï dire cependant à ses
heritiers, qu'ils n'ont trouvé parmy ses papiers aprés sa mort,
qu'une ébauche fort informe de
ce dessein, qui ne fait pas mesme connoistre quel a esté son
sentiment. Il seroit à desirer qu'il
eust executé son entreprise : personne n'en estoit plus capable
que luy, par l'intelligence de la
lettre de l'Ecriture sainte, qu'une
longue étude luy avoit acquise,
par la connoissance qu'il avoit
des Langues Orientales, & par
le grand usage qu'il avoit des
lettres profanes. Il s'est un peu
ouvert sur cette question dans

A vj

quelques lieux de ſes ouvrages; mais en des manieres differen-tes, & qui ſemblent ſe contre-dire; car dans ſon Phaleg il met le Paradis aux environs de Baby-lone; & dans ſon Livre Des ani-maux de la ſainte Ecriture, il ſemble qu'il ait approché de l'o-pinion de Calvin, qui l'a placé ſur les bords du Tigre & de l'Eu-phrate joints enſemble, dans la Chaldée, entre la Ville d'Apa-mée & le Golphe Perſique. Quoy qu'il en ſoit, dans l'incertitude où j'ay eſté long-temps, ſi les he-ritiers de M. Bochart trouve-roient enfin dans ſon Cabinet cet Ouvrage auſſi achevé qu'il avoit donné lieu de le croire, j'avois toûjours differé de ramaſ-ſer mes remarques. Mais voyant qu'aprés vingt-quatre ans, qui ſe ſont écoulez depuis la mort de ce ſavant homme, on ne nous

Boch. Phal. lib. 1. cap. 4. Hieroz. part. 2. lib. 5. cap. 5.

fait rien esperer de cette part,
je tenteray de donner quelque
éclaircissement à cette matiere.

VII. Mais comme l'unique
fondement surquoy l'on puisse
s'appuyer, ce sont les paroles que
Moyse a employées pour décrire
la situation du Paradis terrestre,
il faut les rapporter avant toutes
choses, en les traduisant mot à
mot sur l'original.

On ne peut découvrir la situation du Paradis que dans les paroles de Moyse.

CHAPITRE PREMIER.

Texte de Moyse, & exposition sommaire de nostre opinion.

I. *Texte de Moyse, où la situation du Paradis est décrite.* II. *Les opinions qu'on a proposées jusqu'icy, ne s'accommodent pas avec les paroles de Moyse, qui la marquent exactement.* III. *Nostre opinion est la seule qui s'y accommode.* IV. *Breve exposition de nostre opinion.* V. *Aucune opinion n'approche plus de la nostre que celle de Calvin & de Scaliger.*

I. *Genef. chap. II. ℣. 8. Et le Seigneur Dieu planta un Jardin en Eden, du costé d'Orient, & il mit là l'homme qu'il forma.*

℣. 9. Et le Seigneur Dieu fit germer de la terre toutes fortes d'arbres desirables à voir, & bons à manger, & l'arbre de vie au milieu du Jardin, & l'arbre de la

Texte de Moyse, où la situation du Paradis est décrite.

science du bien & du mal.

℣.10. Et un fleuve sortoit d'Eden pour arroser le Jardin, & delà il se divisoit & estoit en quatre testes.

℣.11. Le nom de l'un est Phison; c'est celuy qui tournoye dans toute la terre de Chavilah, où il y a de l'or.

℣.12. Et l'or de cette terre est bon: là est le Bdellium & la pierre d'Onyx.

℣.13. Et le nom du second fleuve est Gehon; c'est celuy qui tournoye dans toute la terre de Chus.

℣.14. Et le nom du troisiéme fleuve est Chiddckel; c'est celuy qui va vers l'Assyrie: & le quatriéme fleuve est l'Euphrate.

℣.15. Et le Seigneur Dieu prit l'homme, & le mit dans le Jardin d'Eden, pour le cultiver & le garder.

II. La situation du Paradis terrestre me paroist designée si exactement par les termes de ce

Les opinions qu'on a proposées jusqu'icy,

paſſage, que je me ſuis ſouvent étonné que les Interpretes y ayent fermé les yeux, pour s'abandonner à tant de vaines conjectures, qui y ont ſi peu de rapport. Car ſi l'on demande, par exemple, à ceux qui le placent dans la Syrie, auprés de Damas, où ſont ces quatre fleuves, & ces regions de Chavilah & de Chus, ils demeurent ſans replique. Si l'on demande à ceux qui le mettent dans la Meſopotamie, ou dans la Babylonie, au-deſſus de la jonction du Tigre & de l'Euphrate, où ſont les païs de Chavilah & de Chus, ils ſont contraints de les mettre en des lieux qui démentent le témoignage de toute l'antiquité. Si l'on objecte à ceux qui ont prétendu que le Nil eſt le Gehon & que le Gange eſt le Phiſon, l'éloignement de leurs ſources

entr'elles, & de celles du Tigre
& de l'Euphrate : ils se deffen-
dent par des miracles, ou par
des fictions, alleguant ce qu'ils
croyent qui peut estre, pour ce
qui est, & avancent sans aucune
preuve que la source de ces quatre fleuves estoit veritablement
dans le Paradis ; mais qu'aprés
avoir baigné ce lieu de délices,
ils entroient dans la terre, & alloient chercher d'autres issues
au bout du monde par des canaux sousterrains. C'est ainsi que
l'esprit humain s'écarte, quand
il a une fois perdu la piste de la
verité.

Nostre opi-
nion est la
seule qui s'y
accommode.   III. Mais sans m'amuser à com-
battre par le menu toutes ces
opinions, il suffira de proposer
la mienne, & de faire voir non
seulement qu'elle répond parfaitement à la description de Moyse, & à la Geographie ancienne,

mais mefme qu'elle eft la feule qui y réponde, & que quiconque en cherchera une autre, tombera dans quelque embarras infurmontable.

IV. Je dis donc que le Paradis terreftre eftoit fitué fur le canal que forment le Tigre & l'Euphrate joints enfemble, entre le lieu de leur jonction, & celuy de la féparation qu'ils font de leurs eaux, avant que de tomber dans le Golphe Perfique. Et comme ce canal faifoit quelques détours, & quelques courbures, je dis, pour entrer dans une plus grande précifion, que le Paradis eftoit fitué fur une de ces courbures, & apparemment fur le bras meridional de la plus grande, qui a efté marquée par Agathodæmon dans les Tables Geographiques de Ptolemée, lorfque ce fleuve revient vers l'O-

rient, aprés avoir fait un long
détour vers l'Occident, environ
à trente-deux degrez trente-
neuf minutes de latitude septentrionale, & à quatre-vingt degrez
dix minutes de longitude, selon
la délineation d'Agathodæmon,
à peu prés là où il place l'Aracca,
qui est l'Erec de l'Écriture. Je n'é-
xamine point maintenant si cette position de Ptolemée est juste,
il me suffit d'avoir fait entendre
ma pensée. J'ajoûte encore que
les quatre restes de ce fleuve sont
le Tigre & l'Euphrate avant leur
jonction, & les deux canaux par
où il tombe dans la mer aprés
sa division; que le plus occidental de ces deux canaux est le
Phison, que le païs de Chavilah qu'il traverse, est une partie
de l'Arabie Heureuse, & une
partie de l'Arabie Déserte; que
le Gehon est le canal oriental

des deux dont j'ay parlé ; & que le païs de Chus eſt la Suſiane.

V. De tous ceux qui ſe ſont engagez dans cette recherche, aucun n'a approché plus prés du ſentiment que je propoſe, que Jean Calvin dans ſes Commentaires ſur la Geneſe. Joſeph Scaliger l'a ſuivy pied à pied, & aprés luy les Theologiens de Louvain, &. enſuite une infinité d'autres : mais ils n'ont point eû d'égard à ce bras meridional de la grande courbure du fleuve, quoyque les termes de Moyſe le demandent expreſſément, comme je le feray voir. Ils ont mis le Gehon a l'Occident, & le Phiſon à l'Orient, & par conſequent ils ont déplacé les païs de Chus & de Chavilah ; ce qui met des differences eſſentielles entre cette opinion, & celle que je ſouſtiens. Mais pour l'établir

par des preuves solides, & e
faire voir l'entiere convenanc
avec la description de Moyse,
est question d'examiner soigneu
sement ses paroles.

CHAPITRE II.

Explication du huitiéme Vers
du second Chapitre de la
Genese.

*Obscurité
& ambigui-
té de ce hui-
tiéme Ver-
set.*

I. VErs. 8. *Et le Seigneur Di
planta un Jardin en Ede
du costé d'Orient, & il mit

l'homme qu'il forma. Plusieurs
ambiguitez rendent ce passage
obscur, & donnent lieu à une
infinité d'explications & d'opinions differentes. N'en déplaise
à ceux qui souftiennent que la
sainte Ecriture s'explique par
elle-mesme. Les Ebreux n'ont
qu'un seul Preterit pour exprimer le Preterit imparfait, le Preterit parfait, le Preterit plus que
parfait, & l'Aorifte. Dans ce
passage-cy, ce que j'ay rendu par
l'Aorifte, *planta, forma,* comme
l'ont rendu les Septante, ἐφύ-
τόυσεν, ἔπλασεν, & quelques autres Interpretes aprés eux, est
rendu par le Preterit plus que
parfait dans la plufpart des Traducteurs, qui ont voulu accommoder leur version à l'opinion
affez probable où ils eftoient,
que Dieu avoit planté le Paradis terreftre au troifiéme jour de

la creation. Pour moy qui suis persuadé, & qui ay fait voir ailleurs, qu'une version pour estre fidele doit representer, s'il est possible, jusqu'aux ambiguitez de l'original, j'ay crû devoir conserver icy celle de l'Ebreu dans le François.

II. Vers. 8. *Un Jardin en Eden.* Voicy une nouvelle ambiguité plus importante que la precedente. Le mot Ebreu *Eden* se peut prendre pour un nom appellatif, qui signifie *volupté*, *delices*, ou pour un nom propre de lieu. Dans le passage dont il s'agit, Symmaque ancien Interprete Grec de l'Ecriture, cité par saint Jerosme, Severien Evesque de Gabales, contemporain de saint Chrysostome, & le poëte Leonius, ont pris ce mot dans le premier sens. Symmaque traduit Eden, *un Jardin de delices,*

Ce que c'est que le mot Eden. Plusieurs le prennent pour un nom appellatif.

Hieron. Quæst. Hebr in Genes. Sever. Hom. 5. in Hexaem.

un Jardin fleury, confondant, comme quelques autres aprés luy, Eden avec le Paradis. On cite encore une Catene Grecque pour la défenſe de cette explication. Quelques Interpretes plus recents, & entr'autres l'Auteur de la Gloſe ordinaire, & les Theologiens de Louvain, l'ont ſuivie; & cette ſignification, à mon avis, eſt l'origine de ces Jardins precieux que les Princes d'Orient faiſoient faire, pour repreſenter celuy d'Eden. Tel eſtoit ce Jardin d'or, eſtimé cinq cens talens, dont Ariſtobule Roy des Juifs fit preſent à Pompée, & que Pompée porta depuis en triomphe, & conſacra à Jupiter dans le Capitole. Ce Jardin eſtoit appellé τερπωλὴ & τερπνὸν, c'eſt-à-dire proprement *Eden, volupté.* Et la conformité des mots, *Jardin d'Eden,* & *Jardin d'Adon,* peut

B

bien auſſi avoir eſté l'occaſion de ces Jardins conſacrez à Adonis, que les Grecs, les Egyptiens, & les Aſſyriens plantoient dans des vaſes de terre, & dans des paniers d'argent, pour en parer leurs maiſons, ou pour les porter dans leurs proceſſions : quoyque je n'ignore pas que les Mythologues, qui ont obſcurci par leurs fictions la verité de l'hiſtoire, rapportent l'origine des Jardins d'Adonis, à ces laituës, dans leſquelles Venus mit ſon corps fraichement tué,

D'autres varient : mais la plus grande partie le prend pour un nom de lieu.

III. Les Septante & la Vulgate varient ſur la ſignification du mot d'*Eden*, & ſemblent approuver les deux ſens ; c'eſt-à-dire le prendre comme un nom propre, & comme un nom appellatif. Car les Septante le prennent pour un nom de lieu dans l'endroit que nous éxami-

nons : mais dans le quinziéme
Verſet ſuivant , & en d'autres
lieux , ils le prennent pour un
nom appellatif. L'Auteur de la
Vulgate au contraire en ces deux
endroits , & en pluſieurs autres,
prend *Eden* pour un nom appellatif, au lieu que dans le quatriéme chapitre de la Geneſe , verſet ſeiziéme , il le prend pour le
nom propre d'une contrée. Mais
tous les autres Peres de l'Egliſe,
Grecs & Latins , tous les Interpretes de l'Ecriture , anciens &
modernes , & tous les Orientaux , demeurent d'accord qu'*E-
den* eſt un nom local , tiré de la
beauté du lieu ; comme Placen-
tia chez les Latins , Callichorus
& Callicolona chez les Grecs ;
Beauvau , Beaumanoir , Beau-
meſnil , parmy nous ; Hypſa,
Enna , Ialyſus , & les champs
Elyſées , ainſi nommez par les

Pheniciens. Ce confentement fi univerfel de tant d'habiles gens, eft la premiere preuve que je propofe, pour établir qu'E-den eft un nom de lieu.

IV. Je fais que quelques Rab-bins, & quelques Interpretes aprés eux ont voulu raffiner icy, & diftinguer le mot עֵדֶן *Eden* marqué de cinq points, d'avec le mot עֵדֶן *Eden* marqué de fix points, prétendant que celuy qui eft marqué de cinq points figni-fie le Paradis terreftre, & que celuy qui eft marqué de fix points fignifie d'autres lieux. Mais outre que l'autorité des Rabbins, qui ont enduit & in-cruité de leurs points le texte Ebreu de l'Ecriture, n'eft pas d'un grand poids, & que je ne vois pas que cette diftinction foit approuvée par les Grammairiens modernes, j'en découvriray la

faufleté en recherchant la fituation du pays d'Eden.

V. La feconde preuve dont je
me fers, pour montrer qu'*Eden*
eft un nom de lieu, eft fondée
fur le texte Ebreu, qui porte
que Dieu planta un Jardin בְּעֵדֶן
dans Eden : la prépofition exprimée par la lettre בּ defignant
clairement, fuivant fon princi-
pal & plus naturel ufage, la fituation du Jardin dans Eden. Je
fais que cette particule a plufieurs ufages dans l'Ecriture, &
qu'elle y eft mefme quelquefois
traduite par le Genitif, ce que
l'Auteur de la Vulgate a fuivy
apparemment, quand il a traduit
Paradifum voluptatis. Mais outre
que la plûpart des paffages où
cette prépofition eft renduë par
le Genitif, fe peuvent traduire
autrement, l'on connoift par
d'autres particules & prépofi-

tions qui fe trouvent jointes au mot *Eden* dans l'Ecriture, la fi-gnification de celle-cy. Comme dans le dixiéme Verfet du Cha-pitre fecond de la Genefe : *Et un fleuve fortoit* מֵעֵדֶן *de Eden.* Et dans le feiziéme Verfet du qua-triéme Chapitre : *Caïn s'arrefta dans le pays de Nod* קִדְמַת עֵדֶן *à l'Orient d'Eden.* Et dans Ifaie : *Il a rendu le defert* כְּעֵדֶן *comme Eden.* Or comme on ne peut pas traduire ainfi ces paffages : *Et un fleuve fortoit de la volupté : Caïn habita à l'Orient de la volupté : Il a rendu le defert comme la vo-lupté :* dans le paffage auffi qui eft en queftion, le mot *Eden* ne peut pas eftre traduit par celuy de *volupté.*

VI. Je donneray pour troifié-me preuve, l'exemple de plu-fieurs autres lieux, qui pour leur agrément ont eu le mefme nom

Ifaï. 51. 3.

Plufieurs lieux ont porté le nom d'E-den.

d'Eden. Tel eſtoit celuy dont
parle le Prophete Amos, bien
different & bien éloigné de celuy de Moyſe. C'eſtoit une belle
vallée de Syrie, ſituée entre le
Liban & l'Antiliban, dont Damas eſtoit la capitale. Cette
vallée merita le nom d'*Eden*,
ou plutoſt de *Beth-Eden*, c'eſt-
à-dire, *Maiſon de delices*, à cauſe
de ſa fertilité, & de ſon amenité. C'eſt ce qui a fait croire a
quelques-uns, que c'eſtoit là
qu'il falloit chercher le Paradis
terreſtre; & ils n'en ont pas dou-
té, quand ils ont trouvé dans
le voiſinage une ville nommée
Paradis, celebrée par Pline &
par Ptolemée. Ils y ont auſſi
cherché le lieu où Adam fut
créé, & celuy où Caïn tua ſon
frere, & ont crû les y trouver.
Mais ces conjectures s'évanoüiſ-
ſent quand on vient à les appli-

B iiij

Amos. 1. ſ.

Plin. lib. ſ.
cap. 2ſ.
Ptolem. A-
ſiæ Tab. 4.

quer au passage de Moyse, & à
toutes les circonstances qui y
sont marquées; & que l'on n'y
trouve ni Phison, ni Gehon, ni
Chavilah, ni Chus. Telle estoit
Adana ville de Cilicie, ainsi
nommée pour la bonté de son
terroir, & la beauté de sa situation. Tel est encore le village
d'Eden, prés de Tripoli de Syrie, sur le chemin du Liban, où
quelques-uns ont placé le Paradis terrestre. Et tel est enfin ce
port celebre, nommé Adana ou
Aden, si frequenté depuis plusieurs siecles, qui pour avoir esté
le lieu le plus delicieux d'une
region tres-delicieuse, je veux
dire de l'Arabie Heureuse, a esté
nommé luy-mesme l'Arabie Heureuse; comme renfermant en soy
toutes les beautez de cette contrée; quoy qu'outre cette Adana il y en eust encore une autre

mediterranée dans le mefme pays, portant le mefme nom que la premiere, & pour la mefme caufe. Il ne faut donc pas s'étonner fi les Arabes habitans de cette province ont crû que le Paradis eftoit chez eux.

VII. Aprés avoir bien établi, ce me femble, que le nom d'Eden eft un nom propre de lieu, il faut tafcher d'en découvrir la fituation, pour parvenir à la connoiffance de celle du Paradis, qui en faifoit la plus noble partie. Nous lifons dans le quatriéme livre Des Rois, & dans Ifaie, que Sennacherib Roy d'Affyrie, voulant intimider Ezechias, qui s'eftoit revolté contre luy, fe vante d'avoir détruit les pays de Gozan, de Haran, de Refeph, & des enfans d'Eden qui eftoient en Thelaffar. Les favans conviennent que Gozan eft la Gau-

Situation de la province d'Eden où eftoit le Paradis.

4. Reg. 19.
2.
Ifa. 37. 12.

B v

zanitide, Province de Mesopotamie, que Haran & Reseph,
sont Carrhæ, & Rescipha, villes du mesme païs de Mesopotamie, dont la premiere a esté
fameuse par la défaite de Cras-
sus; que Eden est la mesme region où Moyse a mis le Paradis,
& que Thelassar est Talatha ville de Babylonie, que Ptolemée
a placée sur le canal commun
du Tigre & de l'Euphrate; &
quand le geographe Stephanus
a parlé d'une ville d'Adana située sur l'Euphrate, on ne peut
presque doûter qu'il n'ait entendu quelque reduit des habitans
du païs d'Eden, qui en aura tiré
son nom. Dans la prédiction que
fait Ezechiel de la ruine de Tyr,
lorsqu'il fait le dénombrement
des peuples, avec qui cette puis-
sante ville trafiquoit, il met ensemble Haran, & Chene, & E-

den. Voicy encore Haran & E-
den jointes enſemble , ce qui
prouve qu'il faut entendre les
meſmes lieux que dans le paſſage precedent ; c'eſt-à-dire Car-
rhes de Meſopotamie , & le pays
d'Eden mentionné par Moyſe.
Et c'eſt de quoy les Interpretes
ne diſconviennent point. Or en
ces deux paſſages le mot de עֵדֶן
Eden eſt marqué de ſix points ;
ce qui montre le peu de ſolidité
de la diſtinction, que les Rabbins
ont faite de עֵדֶן *Eden* marqué de
cinq points , & de עֶדֶן *Eden* marqué de ſix , dont j'ay parlé cy-
deſſus. Le païs d'Eden s'étendoit
au deſſous , & peut-eſtre meſme
au deſſus de la jonction du Tigre
& de l'Euphrate, & occupoit u-
ne bonne partie de cette grande
region, qui depuis a eſté appellée
la Babylonie. La Babylonie dans
le commencement ſe terminoit à

la jonction du Tigre & de l'Euphrate. La contrée qui eſt au
deſſous de cette jonction juſqu'au Golphe Perſique eſt appellée Iraque par Alfergan, nommé
communément Alfragan, par
Abulfeda, & les autres geographes Arabes ; du nom d'Erec,
qui fut avec Babylone & d'autres lieux, *le commencement du
règne de Nemrod ;* ce ſont les
termes de Moyſe. Erec eſtoit
une ville ſituée le long du lit
commun du Tigre & de l'Euphrate. Babylone eſtoit ſituée ſur
l'Euphrate, au deſſus de la jonction. Ces deux villes donnerent le nom a deux Provinces.
La Babylonie s'étendoit juſqu'à
la jonction des fleuves, & la province d'Erec, ou d'Iraque, s'é-
tendoit le long du lit commun
de ces deux fleuves a droit & à
gauche, depuis leur jonction

Geneſ. 10.
10.

jufqu'à la mer. Le temps a changé ces chofes. L'Iraque a em-
pieté fur la Babylonie, fur l'Affyrie, & fur la Medie, & leur a fait
porter fon nom. La Babylonie
de fon cofté s'eft mife en pof-
feffion de toute l'ancienne province d'Iraque. Je dis donc que
le Paradis terreftre eftoit fitué
dans la partie d'Eden, province
de Babylonie, ou d'Iraque, qui
s'étendoit le long du lit commun
des deux grandes rivieres, auprés
du lieu où eftoit l'ancienne ville
d'Erec, ou d'Aracca, felon la
pofition de Ptolemée.

Ptolem. lib.
6. cap. 3. &
Tab. V.
Afiæ.

CHAPITRE III.

Continuation de l'explication du huitiéme Verset.

I. Nouvelle ambiguité de ce Verset dans le mot מקדם *I I. Mikkedem peut signifier le temps & le lieu. III. On pourroit alleguer pour le prouver la coustume ancienne des Chrestiens, de tourner leurs Eglises vers l'Orient. I·V. Moyse a toûjours employé le mot Mikkedem dans la signification du lieu. V. Moyse a voulu signifier icy par le mot Mikkedem, que le Paradis estoit situé dans la partie orientale d'Eden.*

I. **V**Erſ. 8. *Du coſté d'Orient.* Le mot Ebreu מקדם *Mikkedem,* que je traduits par ces paroles, *du coſté d'Orient,* eſt la source d'une infinité de nouvelles ambiguitez, & d'explications differentes. Car comme il peut ſignifier le temps & le lieu, l'Auteur de la Vulgate, qui en cét endroit n'eſt autre que ſaint Jerosme ; les Traducteurs Grecs, Aquila, Theodotion, & Symmaque ; les Paraphrastes Chaldaïques, Onkelos, & Jonathan, & les Interpretes qui font profession de s'attacher à la Vulgate, l'ont pris dans le premier sens, & ont traduit, *au commencement.* Cette traduction mesme est équivoque : car les uns entendent que ce jardin fut planté devant la creation du monde. L'Auteur du quatriéme livre d'Esdras, le Paraphraste Jonathan, & saint Jerosme mesme, comme j'ay dit cy-dessus, sont dans ce sentiment. Les autres se contentent d'une antiquité égale à celle du monde ; & la pluspart veulent qu'il ait esté planté le troisiéme jour de la creation. Ceux qui croyent que le mot מִקֶּדֶם *Mikkedem* signifie le lieu, & non le temps, sont aussi partagez ; car

quelques - uns sont persuadez
qu'il signifie l'extremité de l'O-
rient ; d'autres en plus grand
nombre, & de plus grand merite, soustiennent que le nom *d'O-
rient* ne se trouve point appliqué
dans l'Ecriture aux regions, qui
sont pardelà le Golphe Persique ;
mais seulement à celles qui sont
entre ce Golphe & la Judée ; je
veux dire l'Arabie, la Chaldée,
la Mesopotamie, & la Perse. J'a-
joûteray cette preuve aux leurs,
que les Chaldéens, qui habitoient
vers le bas de l'Euphrate, estoient
appellez *Sabiens* par les Arabes,
& les Juifs, c'est-à-dire, Orientaux ; & leur livre De l'agricul-
ture, si souvent cité par le Rabbin Maimonidés, estoit appellé *Le livre Oriental* ; & que les
Chrestiens de saint Jean, habitans des environs de Bassora, qui
est une partie de l'ancienne Chal-

dée, portent encore aujourd'huy
ce mesme nom. J'ajoûteray de
plus, qu'outre que les regions
que je viens de nommer, sont
appellées *l'Orient* par les Auteurs
sacrez, celles qui estoient situées
le long de la rive orientale du
Tigre, sont appellées encore plus
specialement du nom propre de
קֶדֶם *Kedem, Orient.* Et c'est ce
qui a donné lieu aux Poëtes de
feindre que Memnon estoit fils
de l'Aurore, parce qu'il estoit né
dans la Susiane, province atte-
nante à celle d'Eden. Comme la
rive orientale du Tigre s'appelloit *Orient*, la rive occidentale
par opposition s'appelloit עֶרֶב
Ereb, Occident, d'où l'Arabie a
tiré son nom. Ainsi le mot d'*O-*
rient estant un terme relatif, &
un mesme lieu pouvant estre
oriental & occidental à divers
égards, l'Arabie s'est appellée

Orient, comme les provinces qui luy estoient voisines à l'égard de la Judée, & Occident à l'égard du Tigre. Revenons maintenant aux diverses explications qu'on a données au passage dont il s'agit. Les uns ont crû que Moyse écrivant ces paroles dans l'Arabie Pierreuse, a eû égard à sa propre situation, & a appellé Orient ce qui l'estoit à l'égard du lieu où il se trouvoit alors. D'autres veulent que comme il écrivoit pour la nation Ebraïque, & par rapport au temps avenir, auquel elle seroit établie dans la terre qui luy estoit promise, il a eû attention seulement à cette terre. Et la pluspart prétendent que ces mots, *du costé d'Orient*, suivant les loix de la Grammaire, soient relatifs aux termes qui precedent immediatement, *planta un Jardin en Eden*,

& que Moyſe ait voulu dire que le Jardin occupoit la partie orientale du païs d'Eden. Pour moy j'eſtime que la Province d'Eden s'étendoit des deux coſtez du fleuve, & confinoit à la Suſianc, & par conſequent que la partie, qui eſtoit au-delà du fleuve, avoit part au nom propre de *Kedem*, *Orient*, comme toutes les terres qui eſtoient ſur ſa rive orientale; & que quand Moyſe a dit que le Jardin eſtoit *du coſté d'Orient*, il a voulu dire qu'il eſtoit dans la partie de la province d'Eden, qui eſtoit au-delà du fleuve, & qui s'appelloit *Kedem, Orient*. Quelques Commentateurs d'un eſprit accommodant, approuvans les deux ſignifications de temps & de lieu, qu'on donne au texte Ebreu, & qui en effet ne ſont point incompatibles, & voulans concilier les diverſes traductions, souſtiennent que le ſaint Eſprit a inſpiré à Moyſe ce terme ambïgu, pour nous faire entendre, que Dieu planta ce Jardin dans l'Orient & qu'il le planta au commencement du monde, c'eſt-à-dire au troiſiéme jour de la creation.

II. Je ne répugne point à ce ſentiment , & je n'empeſche point qu'on ne faſſe ſignifier le temps de la creation du Paradis terreſtre, au mot מִקֶּדֶם *Mikke-dem*, pourveû qu'on m'accorde qu'il ſignifie premierement & principalement ſa ſituation. Et veritablement toutes choſes nous le perſuadent; car ſi l'on compte les ſuffrages, nous oppoſerons à ceux que j'ay alleguez en faveur de la ſignification du temps, les Septante ſuivis de tous les Peres Grecs, & de pluſieurs Peres Latins; les Rabbins Aben Ezra,

David Kimchi, & Selomoh Jar-
chi, avec David de Pomis ; les
Traducteurs orientaux ; & la plus
grande partie des Interpretes, &
des Grammairiens modernes. A
l'autorité mefme de la Vulgate
nous oppoferons celle de l'ancienne verfion Italique, d'où apparemment faint Jerofme a tiré
le paffage que nous examinons,
tel qu'il l'a rapporté dans fes
Queftions Ebraiques, traduit en
ces termes : *Et plantavit Domi-
nus Deus Paradifum in Eden, contra Orientem*. Il paroift que la
feule déference qu'il a eûë pour
les trois anciens Interpretes
Grecs, Aquila, Theodotion, &
Symmaque, l'a obligé de changer la verfion Italique en cét endroit ; & de conclure des termes
dont ils fe font fervis, que le
Paradis avoit efté créé de Dieu
avant le ciel & la terre. Cepen-

dant cette verſion Italique, d'où
noſtre Vulgate a eſté tirée dans
ce lieu-cy, eſtoit receûë dés la
naiſſance du Chriſtianiſme, &
lòng-temps avant ſaint Jeroſme,
& long-temps encore aprés luy,
dans l'Egliſe de Rome, & dans
toutes les Egliſes d'Italie, pré-
ferablement à toutes les autres
verſions. Et comme elle avoit
eſté faite ſur la traduction des
Septante, & que le paſſage rapporté par ſaint Jeroſme, les ſuit
mot à mot, ce n'eſt pas ſans fondement que je ſoupçonne qu'il
a eſté pris de cette ancienne
verſion.

III. Pour montrer le conſen-
tement univerſel avec lequel l'E-
gliſe a pris ce paſſage dans la
ſignification que je défens, je
pourrois alleguer une coûtume
qui y a eſté long-temps prati-
quée, & qui n'eſt pas encore

abolie, de difpofer vers le Levant les baftimens des Eglifes ;
& d'obliger les Chreftiens par
cette fituation à fe tourner vers
l'Orient en faifant leurs prieres.
La principale raifon qu'en donnent les Peres, c'eft, difent-ils,
pour nous faire fouvenir, en re-
gardant la partie du monde où
eftoit placé ce lieu de délices,
du bonheur que nous avons perdu par le peché de noftre premier Pere, & du foin que nous
devons prendre pour le recou-
vrer. Mais il me paroift plus
vray-femblable que l'Eglife prit
cette coûtume, pour fe diftinguer
de la religion des Juifs, dont le
Temple eftoit tourné vers l'Occident. Comme il y a apparence que les Juifs avoient ainfi placé le leur, pour fe diftinguer de
leurs voifins, la plufpart Idolâ-
tres, & adorateurs du Soleil, &.

qui faisoient leurs prieres du
costé du Levant. Idolatrie qui
s'estoit glissée parmi le peuple de
Dieu, & qui est condamnée par
Ezechiel. Et il est remarquable,
que comme l'ancienne Religion,
je veux dire la Judaique, vouloit
qu'on priast vers l'Occident, &
qu'en suite celle des Chrestiens
reforma cette coustume, & or-
donna qu'on prieroit vers l'O-
rient ; de mesme les anciens Ro-
mains tournoient leurs Temples
vers l'Occident, ce qui fut cor-
rigé depuis en plaçant les Temples du costé de l'Orient, devant
mesme le temps d'Auguste : comme nous l'apprenons de Vitruve
qui vivoit alors, & de l'arpen-
teur Hygenus, qui écrivoit sous
Trajan les regles de son art.

IV. Peut-on douter au reste
que Moyse n'ait employé le mot
מִקֶּדֶם *Mikkedem* dans le sens
que

Ezech. 8. 16.

Vitruv. lib. 4. cap. 5. Hygen. de limitib. constit.

Moyse a toûjours employé le mot Mik-

que je luy donne, lors qu'on voit
que dans la suitte de sa narration,
il l'a toûjours employé dans le
mesme sens ? comme quand il dit
que Dieu ayant chassé Adam du
Paradis, il establit sa demeure
à l'Orient de ce lieu. Car encore que Saint Jerofme traduife,
Ante Paradifum voluptatis, il ne
laiffe pas de defigner l'Orient,
qui, au langage de l'Ecriture, eft
la partie anterieure du monde.
Il s'en fert encore dans le mefme
fens, lors qu'il raconte la confufion des langues, & qu'il dit que
ceux qui alloient baftir la Tour
de Babel, partirent d'Orient pour
aller à la terre de Sennaar. Il
s'en fert deux fois dans cette
mefme fignification, lors qu'il
décrit la fituation de la montagne où campa Abraham, aprés
eftre parti de Sichem, pour marquer que la ville de Haï eftoit à

kedem dans
la fignifica-
tion du
lieu.
Gen. 3. 24.

Gen. 11. 2.

Gen. 12. 8.

C

l'Orient de cette montagne, &
que la montagne estoit à l'Orient
de Bethel, & que Bethel estoit
du costé de la mer, c'est à dire
à l'Occident de la montagne ;
Gen. 13. 11. faisant ainsi l'opposition de l'O-
rient à l'Occident. Il s'en sert de
mesme, lors qu'il rapporte la sé-
paration d'Abraham & de Lot,
en disant que ce dernier se retira du costé d'Orient. Et enfin
il l'employe au mesme sens dans
le livre des Nombres, lors qu'il
veut faire entendre que Ribla
Num. 34. 11. estoit à l'Orient de Aïn. Je laisse
plusieurs passages des autres Au-
teurs sacrez, où ce terme a le
mesme usage. Ceux-cy suffisent
pour faire voir qu'il estoit, pour
ainsi dire, consacré aux descriptions topographiques.

*Moyse a voulu signi-fier par le mot Mik- V. Mais toute l'ambiguité n'est
pas encore levée : car bien que
קֶּדֶם Mikkedem soit en cét en-

droit un nom de lieu, & marque
l’Orient, il eſt douteux ſi Moyſe
a voulu ſimplement nous faire
entendre que le Paradis eſtoit
oriental à ſon égard, lors qu’il
écrivoit cecy; & à l’egard de la
Terre promiſe, pour les habitans
de laquelle il écrivoit : ou s’il a
voulu dire qu’il eſtoit dans la
partie orientale du païs d’Eden.
Mais il me ſemble que Moyſe
ayant dit que le Paradis eſtoit
dans le païs d’Eden; & le païs
d’Eden eſtant ſi proche de l’A-
rabie Pierreuſe, où eſtoient alors
les Iſraëlites, peu d’entre eux
ignoroient ſa ſituation; & il luy
ſuffiſoit d’avoir marqué que le
Paradis eſtoit dans le païs d’E-
den, pour faire connoiſtre que le
Paradis eſtoit oriental à ſon é-
gard, & à l’egard de la Terre
promiſe. Au lieu qu’il eſtoit ne-
ceſſaire de marquer en quelle

C ij

kedem, que
le Paradis
eſtoit ſitué
dans la par-
tie orienta-
le d’Eden.

partie du païs d'Eden eſtoit le Paradis. Car quelle apparence y a-t-il que Moyſe ayant entrepris de deſigner éxactement la ſituation de ce Jardin, dont il donne dans la ſuite des marques ſi préciſes & ſi univoques, aprés avoir dit qu'il eſtoit placé dans le païs d'Eden, negligeaſt d'exprimer le quartier de ce païs où il eſtoit placé, pour parler du temps de ſa création, qui eſtoit aſſez marqué par le recit qu'il avoit fait dans le premier chapitre, de la création des plantes? Eſtoit-il plus de beſoin de ſavoir en combien de branches ſe diviſoit le fleuve qui baignoit le Paradis, & dans quelles contrées ces branches s'eſtendoient, & quelles denrées on rapportoit de ces contrées, que de ſavoir dans quel coſté d'une province, à quoy

quelques Auteurs donnent une
fort grande eſtenduë, ce Jardin
délicieux eſtoit ſitué? Seroit-il
digne de l'exactitude d'un bon
Hiſtorien, qui voudroit écrire la
priſe de Napoli de Malvoiſie,
que les Venitiens viennent de
faire ſur les Turcs, de dire que
c'eſt une ville de la Morée? Et
ne devroit-il pas ajouſter qu'elle
eſt ſituée ſur la coſte orientale
de cette province?

CHAPITRE IV.
Explication du dixiéme Verset.

*I. Ambiguité du dixiéme Verset. II. Fonde-
ment de l'opinion, qui fait sortir les quatre
fleuves du Paradis, d'une mesme source, &
rentrer sous la terre, pour aller renaistre ailleurs. III. L'opinion qui establit que le fleuve qui sortoit d'Eden pour arroser le Paradis,
avoit sa source hors du Paradis & d'Eden,
est mieux fondée. IV. Elle est appuyée sur la
description mesme de Moyse. V. On commen-
ce à connoistre plus précisement la situation
du Paradis.*

*Ambiguité
du dixiéme
verset.*

I. Verf. 9. *Et le Seigneur Dieu
fit germer de la terre tou-
tes sortes d'arbres desirables à voir,
& bons à manger ; & l'Arbre de
vie au milieu du Jardin, & l'Arbre
de la science du bien & du mal.*

Verf. 10. *Et un fleuve sortoit
d'Eden, pour arroser le Jardin ; &
delà il se divisoit, & estoit en quatre testes.*

Les paroles du neuviéme ver-

fet n'ont aucun rapport à la situation du Paradis terreſtre, & ſont
hors du ſujet de cét ouvrage.
Mais les ſuivantes ſont celles de
toute cette deſcription, qui de-
ſignent avec le plus d'exactitude
la ſituation du Paradis, à qui les
lit avec application; & ce ſont
celles qui ont eſté le moins pe-
netrées, & qui ont le plus éloigné de la verité ceux qui les ont
leuës negligemment, & n'ont pas
ſeu ſe démeſler des ambiguitez
qui y ſont du moins en auſſi
grand nombre, que dans les paſſages precedens. Car quand Moyſe dit *qu'un fleuve ſortoit d'Eden
pour arroſer le Paradis,* on ne ſait
s'il veut dire qu'un fleuve ſortoit
de la terre, & avoit ſa ſource
dans la province d'Eden, d'où
il couloit enſuite dans le Jardin;
où s'il veut dire qu'il avoit ſa
ſource dans le Jardin meſme, qui

C iiij

estoit dans la province d'Eden ; où s'il signifie seulement qu'a- prés avoir parcouru cette pro- vince, il en sortoit pour arroser le Paradis. Toutes ces significa- tions ont leurs partisans, & an- ciens, & modernes. Le nombre est grand de ceux qui par le mot *sortoit,* entendent, *naissoit, sortoit de la terre.* Et parce que ce fleuve se partageoit en quatre autres, dont les testes sont éloignées de la province d'Eden, quelques-uns ont imaginé des conduits souster- rains, par où les eaux de cette fon- taine alloient chercher des issuës éloignées, pour former le Gange, le Tigre, l'Euphrate, & le Nil. Telle est l'opinion de ceux qui pensent que la Fontaine séellée, *Fons signatus,* qu'ils prétendent avoir esté celle qu'on voit enco- re aujourd'huy entre Bethleem & Hebron, & dont parle Salo-

mon dans le Cantique des Can-
tiques, eſtoit la ſource des quatre fleuves ; & que le Jardin fermé, *Hortus conclufus*, qu'ils placent au mefme lieu, eſtoit le Paradis terreſtre. Saint Jean de Da- Joh. Damas s'eſt figuré que l'Ocean a maſc. De
eſté cette ſource, & par conſé- orthod.
quent que toute la terre a eſté fid. libr. 2.
le Paradis. Quelques-uns ont cru cap. 9.
qu'encore que le mot de *fleuve*
ſoit icy employé au ſingulier, il
a néanmoins une ſignification
pluriere & collective, qui comprend les quatre fleuves. Sur ce
fondement, ayant trouvé les ſources du Tigre & de l'Euphrate
aſſez proches l'une de l'autre dans
la grande Armenie, ils ont cherché aux environs celle du Phiſon & du Gehon ; & trompez
par quelques convenances de
noms, ou par quelques rapports
fort legers, ils ont formé diver-
C v

les conjectures, qui ont toutes quelque defaut essentiel, & ne répondent qu'à une partie de la description de Moyse. Le geographe El-Idris, qu'on appelle mal à propos Nubien, quoy qu'il y ait bien plus d'apparence qu'il soit né sujet de Roger second, Roy de Sicile : ce Géographe, dis-je, prévenu de la créance que la source de ce fleuve, dont parle Moyse, estoit dans le Paradis, a placé le Paradis à la source du Chamdan, grand fleuve de la Chine.

II. Toute bizarre qu'est cette opinion, de ces quatre grands fleuves nez d'une mesme source, & plongez sous la terre, presque aussi-tost qu'ils en sont sortis, pour aller renaistre en des lieux si éloignez, elle n'a pas laissé de trouver creance, mesme parmy les Payens, & d'autant plus qu'il

fe rencontre de grandes convenances entre ces rivieres. Elles
ont des debordemens reglez,
quoy-que par des caufes differentes; l'Euphrate & le Tigre, comme le Po & plufieurs autres, à caufe des neiges des montagnes, qui
fe fondent aux approches du Soleil; le Nil & le Gange, comme
tous ceux de la Zone torride, à
caufe des pluyes qui y tombent,
quand le Soleil eft vertical. On
trouve les mefmes animaux dans
le Gange, & dans les autres fleuves des Indes, que dans le Nil;
comme des Crocodiles, & mefme des Hippopotames, fi l'on en
croit Philoftrate & Oneficrite:
Strabon contredit ce dernier ;
mais il eft vray pourtant que le
Nil n'eft pas la feule riviere qui
produife ces animaux. Dans celle de Petzora, & dans toute la
cofte des Samojedes, qui eft vers

Philoftr.
vit. Apol.
lib. 6. c. 1.
Oneficrit.
Strab. lib.
15.

C vj

le détroit de Vaygatz, on trouve un animal amphibie, que les Moscovites appellent Morss, qui est véritablement une espece d'Hippopotame. Cette raison a bien pu faire croire que le Nil & le Gange avoient une mesme source; puisque Alexandre ayant trouvé des Crocodiles dans le fleuve d'Inde, & des féves semblables à celles de l'Egypte, sur les bords de l'Acesine, autre riviere qui se décharge dans l'Inde, ne douta point qu'il n'eust trouvé la source du Nil. Car toute l'Antiquité, peu savante dans la Geographie, a cru, mesme depuis le temps de Marc Paul Venitien, qui vivoit il y a quatre cens ans, que les Ethiopiens estoient voisins des Indiens, & les a souvent confondus, & que le Nil venoit du Levant, & avoit sa source dans les Indes. Virgile

le dit clairement : & le Poëte
Gratius, qui eſtoit contemporain
d'Auguſte , écrit que les Roys
d'Egypte moiſſonnoient le nard,
qui croiſt ſur les bords du Gange. On croyoit de plus, au rapport de Pauſanias & de Philoſtrate, que le Nil eſtoit un écoulement de l'Euphrate, qui ayant
plongé ſes eaux dans des marais , renaiſſoit dans l'Ethiopie
ſous le nom du Nil. Et nous ſa-
vons enfin par le témoignage du
Poëte Lucain, & de Boëce, que
quelques-uns ſe ſont perſuadé,
que l'Euphrate & le Tigre a-
voient une meſme origine. Voilà donc les ſources du Gange,
du Nil, de l'Euphrate , & du
Tigre rapprochées , & meſme
réünies, ſelon la Geographie ancienne ; bien fauſſe à la vérité,
& bien ridicule , & qui a bien
contribué à entretenir l'erreur

Virgil.
Georg.
lib. 4.

Pauſan.
Corinth.
Philoſtrat.
Vit. Apoll.
lib. 1. c. 14.

Lucan.
lib. 3.
Boët.
Conſol.
lib. 5.
Metr. 1.

grossière de ceux qui ont mal entendu les paroles de Moyse, que nous examinons.

III. Mais ceux qui souftien-nent que ce fleuve, qui fortoit d'Eden pour arrofer le Paradis, avoit fa source hors du Paradis & d'Eden, & que le mot *fortoit*, ne fignifie pas *naiffoit*, mais paffoit d'Eden dans le Paradis, font en plus grand nombre & d'un plus grand poids. Le mot *egrediebatur*, dont s'eft fervi l'Auteur de la Vulgate; & ἐκπορεύεται que les Septante ont employé; à quoy répondent les traductions orientales, expriment le cours d'une riviere, & non fon origine. Le terme mefme יצא *jotfe* qui fe trouve dans le texte Ebreu, nous donne la mefme idée. Car encore qu'il fe trouve ailleurs, & mefme dans Moyse, pour fignifier la naiffance des

eaux; néanmoins ces expressions
estant figurées, & ce mot ne se
trouvant point employé dans
des recits historiques, je ne vois
pas qu'on en puisse rien conclure
pour sa signification propre. Aussi les Ebreux ont ils plusieurs autres termes bien plus propres
pour cette signification ; & ils
n'en ont point de plus propre
que אֵצֵא *jatsa* dans le sens de sortir en s'écoulant, pour passer dans
un autre lieu.

IV. La chose mesme que
Moyse décrit, bien considerée,
nous conduit à ce mesme sens.
Car Eden & le Paradis estant
deux lieux differens, comme je
l'ay montré (j'entens differens,
comme le tout de sa partie) &
l'Auteur sacré ayant voulu dire
que le fleuve partoit de l'un pour
passer en l'autre : il a exprimé les
deux termes de cette course,

Eden, & le Jardin, & il a employé les mots & les particules les plus convenables à cette expression ; car יָצָא *jatsa*, comme j'ay dit, dans sa signification la plus naturelle, veut dire sortir ; & la proposition מִן *min*, qui se trouve attachée au mot עֵדֶן *Eden*, dans le mot מֵעֵדֶן *meeden*, sert à marquer le lieu d'où se fait cette sortie. Les Septante l'ont fort bien renduë par la particule ἐκ, & la Vulgate par celle-cy *de*. Dans le mot suivant, לְהַשְׁקוֹת *lehaschcoth*, *pour arroser*, la particule exprimée par la lettre ל, qu'on employe d'ordinaire pour marquer le gerondif, signifie la cause finale de cette sortie : & les paroles suivantes אֶת-הַגָּן *eth-haggan*, *le Jardin*, desigue le terme local de cette course. Que si par ces paroles, *Et un fleuve sortoit d'Eden pour arroser le Jar-*

din, Moyſe avoit voulu dire, que ce fleuve ſortoit de terre dans Eden, il eſt tout clair que ſon recit auroit eſté defectueux, ne diſant rien du cours de ce fleuve : & pour eſtre complet, il auroit dû eſtre conceu en ces termes, Et un fleuve avoit ſa ſource dans le païs d'Eden, d'où il s'écouloit pour aller arroſer le Jardin.

V. Cette explication eſtant receuë, nous commençons à voir un peu plus clair dans la ſituation du Paradis. J'ay dit que le Paradis eſtoit ſitué ſur le canal du Tigre & de l'Euphrate joints enſemble, entre leur jonction & leur diviſion. Ce canal s'appelle aujourd'huy *Schat-el-Arab*, c'eſt-à-dire, *Fleuve des Arabes*. C'eſt le fleuve dont Moyſe parle icy. Puiſque le Paradis occupoit la partie orientale de la province

d'Eden, comme je crois l'avoir
folidement prouvé, & que le fleuve qui l'arrofoit, paffoit par cette province avant que d'entrer
dans le Paradis, il faut de toute
neceffité que le Paradis ait efté
fitué fur un des détours de ce
fleuve, qui aille de l'Occident
à l'Orient. Et fi l'on veut encore quelque chofe de plus pré-
cis, on peut entendre ce grand
détour que fait le fleuve vers
l'Occident entre fa jonction &
fa divifion, & qui eft marqué par
Agathodæmon dans les Cartes
de Ptolemée, & dire que le Paradis eftoit placé à l'extrémité
orientale de la branche meridionale de cette courbure. Et
par conféquent tous ceux qui
l'ont placé dans les endroits où
ce fleuve coüle vers l'Occident,
ou vers le Midy fe font trompez. Il pouvoit bien faire quelque

autre tour dans le Paradis, puis reprendre sa courfe vers le Midy. Jofephe, dit qu'il environnoit cette terre de délices, πᾶσαν ἐν κύκλῳ τὴν γῆν περιῤῥέοντος. Ce que je ne crois qu'en partie, eftant perfuadé que la plus grande partie du Jardin eftoit fur la rive orientale du Tigre. Je prie le Lecteur de faire attention fur cette remarque, qui eft tres - importante pour la recherche que nous faifons.

Jofeph. Antiq. lib. 1. cap. 2.

CHAPITRE V.

Continuation de l'explication du dixiéme Verfet.

I. *Nouvelle ambiguité de ce Verfet. La divifion du fleuve fe faifoit hors du Jardin. II. Les quatre teftes en quoy fe divifoit le fleuve, eftoient quatre fleuves differens. III. Pourquoy ces quatres fleuves font appellez Teftes.*

I. VErf. 10. *Et de là il fe divifoit, & eftoit en quatre*

Nouvelle ambiguité de ce ver-

set. La division du fleuve se faisoit hors du jardin.

testes. Les loix de la Grammaire veulent que cette particule *de là* se rapporte à ce qu'il a nommé le dernier, savoir le Jardin. Et en effet, Moyse outre les autres marques qu'il a données de la situation de ce Jardin, ayant entrepris de nous la faire connoistre par les rivieres ou canaux, en quoy se divise ce grand fleuve qui le baigne, la description qu'il va faire de ces canaux doit se rapporter à ce Jardin. Cependant comme le Paradis estoit une partie d'Eden, on peut considerer conjointement Eden & le Paradis dans la description de ces quatre branches, par ce que la division s'en faisoit hors de l'un & de l'autre. Moyse l'a assez clairement marqué, quand il a dit qu'un fleuve sortoit d'Eden pour arroser le Jardin : car ces paroles nous font entendre qu'il n'y avoit qu'un fleuve dans le Jardin & dans Eden, & partant que la division ne s'y faisoit point. Néanmoins la subtilité des Interpretes n'a pas laissé de trouver icy de quoy s'exercer. Les uns disent que la particule *de là* se rapporte à Eden, & que le fleuve s'y divise en quatre canaux avant que d'entrer dans le Jardin. D'autres veulent que la division se fasse à l'entrée du Jardin. Ceux qui prétendent que le fleuve se divise dans Eden, sont encore partagez entre eux ; les uns estimans qu'il se divise en quatre canaux dans Eden, qui tous quatre entrent dans le Paradis ; les autres n'en recevant qu'un dans le Paradis, & répandant le surplus dans Eden. Il s'en trouve qui raffinent encore davantage, & veulent qu'il se fasse d'abord une division du fleuve en deux branches ; & un peu plus bas, une ſubdiviſion de chacune de ces deux branches en deux autres, pour faire les quatre. Mahomet, homme d'une imagination libre & feconde, n'eſt point entré dans tout ce détail, lors que ſuivant ſon gouſt & ſon genie, il a formé l'idée d'un Paradis arroſé de quatre fleuves, l'un d'eau pure, l'autre de lait, l'autre de vin, & le quatriéme de miel. Quoy que pluſieurs de ſes ſectateurs ne parlent que des trois derniers, ne comptant l'eau pour rien. La meilleure & la plus ſaine partie des Interpretes eſt perſuadée que la diviſion ſe faiſoit hors du Jardin.

II. Verſ. 10. *Et eſtoit en quatre teſtes.* Pluſieurs Traducteurs ont negligé ces deux mots, *& eſtoit*, & ne les ont point repreſentez dans leurs verſions. Les

Septante font de ce nombre, &
apparemment la Vulgate a retenu cette omiſſion de l'ancienne Italique qui avoit eſté faite
ſur les Septante. Il y a ſujet de
s'eſtonner que Saint Jeroſme qui
a dit que l'arrangement meſme
des paroles de l'Ecriture eſtoient
des myſteres, n'ait pas ſupplée
ce qui manquoit à cet endroit.
Quand la fidelité que les Traducteurs, & principalement les
Traducteurs de la parole de
Dieu, doivent au public, & à ce
ſacré original, ne les auroit pas
obligez de nous tenir compte de
ces paroles, l'éclairciſſement ſeul
de la matiere, je veux dire de la
ſituation du Paradis, devoit les
y engager. Car quand Moyſe,
aprés avoir dit, que le fleuve ſe
diviſoit aprés la ſortie du Paradis, a ajouſté, *& eſtoit en quatre
teſtes*, il nous a voulu faire en-

*tre fleuves
differens.*

Hier.
Epiſt. 101.
ad Pam-
mach.

tendre, à mon avis, que cette division formoit quatre canaux, qui font autant de fleuves différens & féparez, & qui ne fe rejoignent point. C'eſt donc comme s'il avoit dit, Et de là il ſe diviſoit .& devenoit quatre teſtes : marquant d'abord la diviſion, & enſuite l'effet & les parties de la diviſion. C'eſt le ſens qu'emporte la phraſe Ebraïque. De meſme que dans le ſecond livre de Samuel, pour dire, *Soyez de braves gens;* l'Ebreu porte, *Soyez en braves gens.* De meſme que ſaint Matthieu voulant dire, *Et les deux ſeront une chair,* a retenu le tour Ebraïque de Moyſe, *Et ils ſeront deux en une chair.* Et de meſme que Saint Jean, au lieu de dire, *Et ces trois ſont un,* a parlé en Helleniſte, c'eſt-à-dire qu'il s'eſt ſervi d'une phraſe Ebraïque avec des termes

1. Sam. 13. 18.

Matth. 19. 5.

Gen. 2. 24.

1. Joan. 7. 2.

mes Grecs, *Et ces trois sont en*
un.

III. Verſ. 10. *En quatre teſtes.* Le mot *capita*, dont s'eſt ſer-vi l'Auteur de la Vulgate, en traduiſant à la lettre l'Ebreu ראשים *raſchim*, a trompé plu-ſieurs Commentateurs. Car a-yant trouvé dans Horace, dans Properce, & dans quelques au-tres Auteurs Latins, le mot *ca-put*, dans la ſignification de *ſour-ce*, *fontaine*, ils luy ont donné icy le meſme ſens, & ont jugé que ce fleuve produiſoit les ſour-ces des fleuves que Moyſe va nommer. Ils ſe ſont aſſeurément abuſez ; car les mots ראשים *raſchim*, & *capita*, ſont pris icy figurément : non pas ſelon l'ex-plication de quelques Interpre-tes, pour ſignifier des fleuves qui ſoient les chefs & les princes des autres fleuves du païs, dans

Pourquoy
ces quatre
fleuves ſont
appellez
Teſtes.

Horat.
Carm. lib.
1. od. 1.
Propert.
lib. 2. Eleg.
12.

D.

le sens que Virgile a dit, *Flu-viorum rex Eridanus*; & en parlant du Tibre, *Hesperidum regnator aquarum*; parce que le mot רֽאשׁים *raschim* dans cette signification auroit dû estre suivi du nom de la chose, dont ces fleuves auroient esté les chefs, comme ils le sont dans ces endroits de Virgile, & presque toûjours dans l'Ecriture : mais il est employé pour marquer les *commencemens*, les *abords*, *ce qui se rencontre le premier*. Les Septante ont très-bien exprimé ce mot par celuy d'ἀρχάς. Celuy de *testes* en François a souvent le mesme usage : & c'est une illusion de Severien & de Glycas, d'avoir traduit l'ἀρχάς des Septante par πηγάς, *fontaines*. Nous trouvons en plusieurs lieux de l'Ecriture le mot de ראשׁ *rosch*, employé metaphoriquement, pour signifier

l'entrée d'un chemin, & rendu
dans les Septante par le mot
d'ἀρχή, & par celuy de *caput* dans
la Vulgate. Il se prend ailleurs
pour une *troupe de gens de guerre*.
En ce sens les Septante le tra-
duisent encore par ἀρχή. Il se ren-
droit fort bien en Latin par le
mot d'*agmen*, qui peut-estre ne
conviendroit pas mal au passage
que nous examinons. Car Vir-   Virgil.
gile a dit, *Venit agmen aquarum*.   Georg. 1.
Et c'est apparemment dans cette
signification que le Traducteur
Samaritain a exprimé le mot
ראשים *raschim* par celuy de
nezolin, qui répond à l'Ebreu
נוזלים *nozelim*, c'est-à-dire *des
cours d'eau*, *ductus aquarum* ; &
non pas *des isles*, comme porte
la version de la Polyglotte d'Angleterre. Mais le sens le plus
propre & le plus naturel, est que
le fleuve se divisoit en quatre

teftes, quatre commencemens,
quatre entrées. Et ce feroit parler fort proprement, que de dire
de quelqu'un, qui au fortir du
Jardin fe feroit embarqué fur le
fleuve, qu'aprés avoir navigé
quelque temps; il feroit entré
dans le Phifon, ou dans le Tigre. En cela il ne faut pas confi-
derer le grand fleuve avec fes
quatre branches, par rapport au
cours de fon eau, mais par rapport à la difpofition de fon lit.
Il le faut regarder comme un
grand chemin, dont on pourroit
dire, qu'il traverfe une foreft,
& que delà il fe divife en quatre
chemins, foit que la divifion fe
faffe au-deffus ou au-deffous de
la foreft. Moyfe n'a point dit fi
celle du fleuve fe fait au-deffus
ou au-deffous du Paradis; ni fi
elle fe fait prés ou loin. C'eftoit
affez le dire, que de nommer les

quatre canaux ou rivieres qui
naiſſoient de cette diviſion. Ces
quatre rivieres eſtoient ſi con-
nuës dans les lieux où Moyſe é-
crivoit, & aux perſonnes pour
qui il écrivoit, qu'il ſuffiſoit de
les nommer pour les faire connoiſtre. Il ne s'en eſt pas pourtant contenté ; & comme pré-
voyant que les ſiecles futurs, &
les nations éloignées, qui a-
voient part auſſi au deſſein de
ſon ouvrage, auroient beſoin de
quelque éclairciſſement, il a appoſé des marques ſi claires pour
reconnoiſtre ces rivieres, qu'on
ne peut s'y méprendre que faute
d'attention, & ne pas voir que
les quatre rivieres qui partageoient le grand fleuve du Paradis, eſtoient l'Euphrate & le Tigre au-deſſus ; & au-deſſous les
deux branches qui diviſent le
canal commun du Tigre & de

l'Euphrate, avant qu'il tombe dans le Golphe Persique. C'est ce que la suite va faire voir.

Chapitre VI.

Explication de l'onziéme Verset.

I. Idée generale du cours de l'Euphrate & du Tigre. II. La face du païs que parcourent l'Euphrate & le Tigre est bien changée depuis Moyse. III. L'Euphrate dans les commencemens n'avoit qu'un seul canal qui se joignoit au Tigre, mais depuis on en a tiré plusieurs autres. IV. Autres canaux encore tirez de l'Euphrate. V. Autres changemens arrivez en ces quartiers. VI. Quelques-uns ont nié sans raison que le Tigre & l'Euphrate joints ensemble se separent avant que de tomber dans la mer.

Idée generale du cours de l'Euphrate & du Tigre.

I. VErs. 11. *Le nom de l'un est Phison : c'est celuy qui tournoye dans toute la terre de Chavilah, où il y a de l'or. Vers. 12. Et l'or de cette terre est bon : là est*

le Bdellium, & la pierre d'Onyx.
Avant que de traitter en détail
des fleuves du Paradis, il eſt ne-
ceſſaire de donner au Lecteur
une idée du cours de l'Euphrate
& du Tigre, ſans quoy malaiſé-
ment pourroit - il entendre ce
que j'ay à dire. L'Euphrate a ſa
ſource dans la grande Armenie,
au coſté Septentrional du mont
Abos, qui eſt une branche du
Taurus. Le Tigre a la ſienne dans
le meſme païs, au coſté meridional du mont Niphate, autre
branche du Taurus. Ces deux
ſources ſont éloignées l'une de
l'autre de plus de cent lieües.
L'Euphrate prend ſa courſe du
coſté de l'Occident, le Tigre du
coſté de l'Orient : & ils enferment la Meſopotamie, l'une des
plus fameuſes & des plus fertiles
contrées de la terre. Ils ſe joignent enſuite par pluſieurs ca-
D iiij

naux, qui enferment l'ancienne Babylonie. Puis ne faifant plus qu'un mefme lit, ils s'avancent vers le Midy, & avant que de tomber dans le Golphe Perfique, ils fe feparent de nouveau & enferment dans leurs bras une grande ifle, qui s'appelloit autrefois Meffene, & qui s'appelle prefentement Chader.

La face du païs que parcourent l'Euphrate & le Tigre eſt bien changée depuis Moyſe.

II. Du temps de Moyfe la face de ce païs eſtoit bien differente de ce qu'elle a efté depuis, & de ce qu'elle eſt aujourd'huy: l'induftrie des hommes; la puiffance des Roys d'Affyrie, d'Egypte, & de Perfe, & des Caliphes, qui ont efté maiſtres tour à tour de ces contrées; la longueur du temps, la violence de la mer, & les débordemens des rivieres, y ayant apporté de grands changemens. Des cinq canaux qui portent l'eau de l'Euphrate dans le Tigre, & dans divers lacs, quatre ont esté faits par le travail des hommes : il n'y a que celuy qui traversoit la grande ville de Babylone, qui soit naturel. Il semble que cela ne s'accorde pas avec l'opinion de quelques anciens Auteurs, qui ont écrit que l'Euphrate entroit dans la mer, du costé du Couchant, par une embouchure qui luy estoit particuliere, & differente des deux, qui luy ont depuis esté communes avec le Tigre. D'où l'on pourroit conclure que du temps de Moïse, l'Euphrate ne se joignoit point au Tigre. Ces Auteurs ajoûtent que ce canal à force d'estre saigné & détourné par les Arabes Scenites, pour arroser leur terroir sec & sterile, est demeuré si foible & si extenué, qu'il n'a pû continuer sa course jusqu'à la

D v

mer, comme il eſt arrivé au Rhin par les frequentes coupures, que luy ont faites les Hollandois.

L'Euphrate dans les commence-mens n'a-voit qu'un ſeul canal qui ſe joi-gnoit au Tigre : mais depuis on en a tiré plu-ſieurs au-tres.

I I I. Mais un grand fleuve, comme l'Euphrate, enflé de pluſieurs rivieres, & qui ſe groſſiſ-ſoit tous les eſtez des neiges fon-duës & des avalaiſons du mont Taurus, pouvoit bien fournir à deux canaux dans ces commen-cemens, puiſqu'il a fourni de-puis à tant d'autres. Quelques-uns ne furent faits d'abord que pour remedier aux débordemens qui ruinoient les campagnes. Leur nombre fut augmenté de-puis pour arroſer celles qui man-quoient d'eau. Nabuchodono-ſor, qui fut un grand prince, & de haute entrepriſe, ſe ſignala dans ces ouvrages, & pour dé-gager ce païs des eaux de l'Eu-phrate, qui le noyoient entiere-

ment, tira les principaux canaux : & pour prevenir la fechereffe qui pouvoit en arriver,
il fit de grands refervoirs avec
des éclufes, & fe rendit maiftre
de ce fleuve indocile, & de ces
eaux incommodes. Mais quoy
que cette abondance d'eau puiffe avoir fourni d'abord au canal
qui tomboit dans le Tigre, & à
celuy qui alloit vers l'Arabie, &
entroit dans la mer, il eft néanmoins plus croyable que l'Euphrate n'avoit qu'un feul canal
naturel, qui eftoit celuy qui le
joignoit au Tigre ; & que cet
autre qui le détournoit vers le
Couchant, eftoit l'ouvrage des
Arabes. Tous les Anciens, &
mefme ceux qui ont le mieux
décrit ces canaux faits à la main,
témoignent fi affirmativement
& fi conftamment que l'Euphrate fe joignoit naturellement au

Tigre, & que ceux qui en creu-
ferent d'autres, ne firent que
fuivre l'indication de la nature,
qu'on ne fauroit dire le contraire fans temerité. On lit dans un
ancien fragment d'Abydene,
rapporté par Eufebe, que tout
ce païs eftoit fi couvert d'eau
dans les commencemens, qu'on
l'appelloit La mer. Cela ne pouvoit venir que du débordement
de l'Euphrate, dont le lit eft fort
élevé: de forte qu'aux ouvertures qui fe prefentoient, fa pen-
te naturelle l'emportoit dans les
campagnes plattes des Babyloniens, & aprés les avoir couver-
tes, il tomboit neceffairement
dans le Tigre, qui eftoit proche,
& dont le lit eftoit fort bas. Ce
fut cette difpofition qui ofta à
Trajan la penfée qu'il avoit de
tirer une nouvelle tranchée de
l'Euphrate au Tigre, pour y con-

Eufeb.
Præp.
Evang. lib.
9. cap. 41.

duire des batteaux, dont il vouloit faire un pont fur le Tigre.
Il apprehenda qu'il ne fe fift un
trop grand écoulement des eaux
de l'Euphrate, & qu'on ne puft
plus le naviger.

IV. Quand on eut remedié à ces
inondations par des tranchées,
(que la terre de ce pays-là fouf-
froit aifement, eftant graffe &
molle, mais qu'il falloit renou-
veller fouvent) & par des éclufes,
les Arabes à cet exemple, pour fe
défendre d'un mal contraire, je
veux dire de la fechereffe de leur
terre fablonneufe, commence-
rent à détourner les eaux de l'Euphrate de leur cofté : & aprés
avoir abbreuvé leur terroir, ils
laifferent aller le trop-plein dans
la mer. Ce trop-plein fut tari depuis par de nouvelles couppures.
Peut-eftre auffi que ce conduit
n'eftoit qu'un torrent qui cou-

loit dans la mer pendant l'esté,
lors que l'Euphrate se debor-
doit. Quoy qu'il en soit, les As-
syriens & les Babyloniens, qu'u-
ne longue possession faisoit regarder ces eaux comme leur propre, s'opposerent à ce larcin des
Arabes; & il en vint de grands
demeslez entre ces nations. Il
semble que ce fut pour terminer
cette querelle, & rendre aux Babyloniens ce qui leur appartenoit, qu'Alexandre entreprit de
remettre l'Euphrate dans son ancien lit, en bouchant le canal
nommé Pallacopas, qui luy faisoit prendre un autre cours. On
n'avoit pensé en creusant cette
fosse, qu'à faire ce qu'on avoit
fait en creusant les autres, savoir à empescher les débordemens de ce fleuve, qui arrivoient
tous les estez, en conduisant ses
eaux dans des estangs & des ma-

rais : mais les terres des Babyloniens demeurant à fec pendant
le refte de l'année, & celles des
Arabes en profitant, Alexandre
voulut remettre les chofes en
leur premier eftat ; comme un
Satrape de Babylone l'avoit voulu faire auparavant. L'ouvrage
fut commencé, mais la mort de
ce Prince empefcha qu'il ne fuft
confommé alors, comme il l'a
efté depuis. Alexandre vifita
plufieurs de ces conduits, les fit
nettoyer, ouvrit les uns, bou-
cha les autres, & en fit faire
quelques nouveaux. Plufieurs
Princes prirent le mefme foin.
On voit encore aujourd'huy le
long du lit commun du Tigre &
de l'Euphrate, à droit & à gauche, plufieurs canaux faits à la
main. Les Perfes ignorans dans la
navigation, & dans le commerce & la guerre de mer, & crai-

gnans les invasions qu'on pouvoit faire dans leur païs par le
Tigre & par l'Euphrate, avoient
fait faire des sauts & des cata-
ractes en divers endroits de ces
fleuves. Alexandre les rétablit
dans leur estat naturel, en sorte
que les vaisseaux pouvoient re-
monter jusqu'à Opis & à Seleucie par le Tigre; & jusqu'à Babylone par l'Euphrate. C'est ainsi
que l'art luttant contre la nature, toute cette contrée en a
esté defigurée.

Autres changemens arrivez en ces quartiers.

V. D'ailleurs la mer qui s'en-
tonne avec impetuosité dans le
Golphe Persique par le détroit
d'Ormus, & dont les marées re-
montent jusqu'à trente lieües
dans l'Euphrate, vient battre
rudement cette coste, qui est le
fond du Golphe, & y fait beaucoup de ravage. Ces violentes
marées avec la rapidité du Ti-

gre, & une tempefte qui furvint,
mirent en grand peril Trajan
avec fes legions, vers l'ifle que
produit la feparation du Tigre
& de l'Euphrate. Ce païs, qui
eft plat, eft defendu par des digues en quelques endroits : mais
en plufieurs autres l'entrée eftant prefque libre aux eaux de
la mer, elles tuent par leur fel
trop acre les fruits de la terre,
& la rendent fterile. Ce mefme
Nabuchodonofor, dont j'ay parlé, qui executa de fi grandes chofes, domta cette mer par de fortes digues, comme il avoit dom-
té l'Euphrate ; & reprima les
brigandages des Arabes, grands
voleurs dés ce temps-là, en faifant baftir la ville de Teredon à
l'entrée de leur païs. Aflez prés
de là, vers le Levant, les eaux
des rivieres ont charié tant de
limon à leur embouchure, que

la mer en a esté bien reculée.
De sorte que le Fort de Spasine,
situé sur la coste, entre l'embouchure orientale du Tigre &
celle de l'Eulée, qui n'estoit autrefois éloigné de la mer que
d'un peu plus d'une demie lieuë,
s'en trouvoit éloigné de cinquante lieuës du temps de Pline,
qui assure qu'il ne s'estoit point
fait ailleurs un si grand ni si
prompt accroissement. J'ay pourtant bien de la peine à m'empescher de croire qu'il y a quelque
erreur au chiffre : ce qui n'est
que trop ordinaire dans les livres des Anciens. Je sais que le
mesme Pline a dit aprés Theo-
phraste, que l'Euphrate & le Tigre ne charient point de limon;
mais cela ne se peut entendre
que de leurs eaux qui sont prés
des sources : car toute riviere qui se deborde, devient ne-

ceſſairement bourbeuſe , & les Voyageurs modernes rapportent que les eaux de l'Euphrate approchant de la mer ſont fort jaunes & fort limonneuſes. Outre que le Fort de Spaſine n'eſt point ſur les embouchures de l'Euphrate & du Tigre, ni ſur celle de l'Eulée, mais ſur le bord de la mer entre les embouchures de ces rivieres. La ſuite du temps a remis la mer en poſſeſſion de ſes droits; car les habitans du païs montrent preſentement en ces quartiers la place d'une grande ville, qui eſt ſous l'eau. Outre tous ces changemens, on voit le long des rives de l'Euphrate & du Tigre les debris de pluſieurs belles villes, dont les hiſtoires anciennes vantent tant l'opulence & la grandeur.

VI. Il y a ſujet de s'étonner *Quelques-uns ont nié*

que des gens auſſi éclairez que
le Cardinal Bellarmin, les Peres
Malvenda & Bonfrere, ayent pû
nier que le Tigre & l'Euphrate joints enſemble, ſe ſeparent
de nouveau, avant que d'entrer
dans la mer. Que deviendra
donc cette grande iſle que for-
me leur ſeparation, ſi nettement
décrite par Philoſtorge, qu'on
nomme aujourd'huy Chader,
lors qu'il dit qu'elle eſt habitée
par les Meſſeniens, qu'elle eſt
environnée en partie d'eau de
mer, & en partie d'eau douce,
ſavoir de deux grands fleuves
que produit le Tigre, en ſe partageant avant que d'entrer dans
la mer? Et il ne faut pas prendre pour une exaggeration ce
qu'il dit de la grandeur de ces
deux canaux, puiſque celuy du
Tigre & de l'Euphrate a deux
fois & demi la largeur de la Sei-

ñe à Paris, quoy que tres-pro-
fond; & une lieuë, en appro-
chant de la mer. Joignez au té- Steph. in Μεσήνη.
moignage de Philoftorge, celuy
d'Afinius Quadratus dans le
Geographe Stephanus; qui dit
que ce païs nommé Meffene, eft
enfermé entre le Tigre & l'Eu-
phrate. Joignez-y encore celuy Ptolem. lib. 6. cap. 3.
de Ptolemée, qui donne deux
embouchures au Tigre, l'une
orientale & l'autre occidentale,
& place la ville de Teredon au
milieu. Mais les chiffres de la
pofition de cette ville font fans
doute defectueux dans cet Auteur, car elle n'eft point dans
l'ifle, mais fur la rive Arabique
du canal occidental, & on en
montre encore aujourd'huy les
ruines. Ioignez-y de plus le fuf- Xiphil. Trajan.
frage de Xiphilin, qui rapporte
que Trajan fe rendit maiftre de
cette ifle nommée Meffene, que

fait le Tigre vers son embouchure, & où il pensa perir. Joignez-
y de plus celuy de Marcien d'He-
raclée, qui parle de l'embouchure orientale du Tigre, & qui en
suppose par consequent une occidentale. Et joignez-y enfin celuy des Voyageurs de ces derniers temps, & principalement
de Teixeira Portugais, & de M.
Thevenot François, qui ont veû
& décrit la division de ces deux
canaux.

CHAPITRE VII.

Continuation de l'explication de l'onziéme Verset.

I. *L'opinion la plus commune touchant le Phison, est que c'est le Gange. II. Fondemens de cette opinion, III. qui ne satisfait pas aux objections. IV. D'autres ont crû que le Phison est l'Inde; d'autres l'Hydaspe; d'autres l'Hyphasis; V. Haython, l'Oxus; VI. plusieurs Rabbins, le Nil; VII. d'autres, le Phase; VIII. quelques-uns, le Danube; IX. quelques autres, le Naharmalca; X. & d'autres enfin, le canal oriental des deux en quoy se partagent le Tigre & l'Euphrate joints ensemble. XI. On fait voir que le Phison est le canal occidental des deux en quoy se divisent le Tigre & l'Euphrate joints ensemble. XII. L'origine du mot Phison sert à le prouver. XIII. Plusieurs savans hommes ont eû quelque connoissance de ce que c'est que le Phison. XIV. Le Phison a depuis communiqué son nom à d'autres rivieres.*

I. **V**Erf. 11. *Le nom de l'un est Phison.* Il faut icy sous-entendre le mot de *fleuve*, qui

est exprimé dans la suite en parlant des autres. Celuy-cy est le
premier des quatre, qui faisoient
le partage du grand fleuve, qui
sortoit d'Eden & du Paradis. Ce
seroit une grande entreprise, fort
ennuyeuse pour le Lecteur, &
plus encore pour moy, de rapporter en détail les diverses opinions que l'on a euës sur ce fleuve, & les noms des Auteurs qui
les ont proposées, & les raisons
dont ils les ont appuyées, & de
m'amuser à les examiner, & à
les contredire. Je les toucheray
seulement en passant, estant persuadé que la meilleure maniere
de les refuter, ce sera de chercher soigneusement la verité, &
de tascher aprés l'avoir décou-
verte, de la bien établir ; car
cela fait, tout ce qui s'en éloi-
gnera tombera de soy-mesme.
L'opinion la plus ancienne, & la
plus

plus univerſellement receuë, eſt que le Phiſon eſt le Gange. Joſephe ſemble en eſtre le premier auteur; & elle a eſté ſuivie par Euſebe, par ſaint Ambroiſe, par ſaint Epiphane, par ſaint Jeroſme, par ſaint Auguſtin, par pluſieurs autres Peres de l'Egliſe, & par la pluſpart des Interpretes, & des Theologiens modernes. Elle l'a eſté par les Indiens meſme, & c'eſt ſur quoy ils ſe ſont fondez pour croire que le Gange eſt ſaint, qu'il efface leurs pechez & les ſanctifie, lors qu'ils s'y baignent; & qu'il les ſauvera aprés leur mort, ſi l'on y plonge leurs corps.

II. Cette opinion s'eſt principalement établie, ſur la beauté, les richeſſes, & les commoditez de ce fleuve, dont les livres des Voyageurs ſont pleins. Car encore qu'Arrien ait écrit que

Joſeph. Antiq. lib. 1. cap. 2. Euſeb. De locis Ebr. Ambroſ. de Parad. cap. 3. Epiph. Ancor. cap. 58. Hier. Epiſt. 4. ad Ruſt. cap. 1. & Quæſt. Ebr. in Geneſ. Auguſtin. de Gen. ad liter. lib. 8. cap. 7.

Fondemens de cette opinion.

Arrian.

Exped.
Alex. lib.
5.

tous les Indiens, chez qui Alexandre porta la guerre, eſtoient
ſans or, il y en avoit pourtant
dans leur terre; & Moïſe a eû
égard à la nature du païs, & non
aux mœurs des habitans. Il eſt
certain que le Gange a de l'or
dans ſes ſables, & ſur ſes rives;
qu'on le met au premier rang des
fleuves qui donnent des pierres
precieuſes; que les royaumes de
Golconda & de Biſnagar, qui
ſont ſur la coſte occidentale du
Golphe de Bengale, où le Gange
ſe décharge, ſont abondans en
perles & en pierres precieuſes, &
que ne paroiſſant pas vray-ſem-
blable que de mediocres rivieres
ſortiſſent d'un lieu preparé & em-
belli de la main de Dieu, on ne
pouvoit attribuer cet honneur
qu'aux plus fameux fleuves du
monde. Ainſi la beauté & les richeſſes du Gange ont fait croire

qu'il venoit du Paradis, & cette creance l'a fait estimer saint. Mais de plus comme ceux qui veulent que le Phison soit le Gange, veulent aussi que le Gehon soit le Nil, on découvre un autre motif qu'ils ont eû d'entrer dans ce sentiment. C'est ce passage de l'Ecclesiastique, où il est dit de Dieu, *qu'il emplit tout de sagesse, comme le Phison, & comme le Tigre au renouveau : qu'il remplit l'entendement, comme l'Euphrate, & comme le Jourdain au temps de la moisson : qu'il fait briller la doctrine ainsi qu'une lumiere, & comme le Gehon au temps de la vandange.* Les Peres en lisant ce passage se sont persuadez que l'Auteur avoit commencé le dénombrement de ces fleuves par l'Orient, & l'avoit fini à l'Occident, suivant la coutume des Ebreux, de regarder

Eccli. 24. 35. & seq.

l'Orient dans leurs descriptions Geographiques, & de mettre par consequent le Septentrion à leur gauche, & le Midy à leur droite; & qu'ainsi le Phison estant le plus oriental de ces cinq, il ne pouvoit estre autre que le plus noble des fleuves d'Orient, qui est le Gange. Le Tigre vient aprés, comme le plus oriental des quatre autres; puis l'Euphrate; le Jourdain ensuite; & enfin le Gehon, qui devoit estre le plus fameux des fleuves d'Occident; comme le Gange de ceux d'Orient; & ils n'en ont pas trouvé de preferable au Nil. Mais je ne vois rien qui nous oblige de croire, que le saint Auteur ait eû cette veuë en disposant ainsi ces rivieres, & qu'il ne les ait pas nommées au hazard.

qui ne satisfait pas aux obje-

I I I. Lors qu'on a posé ce fondement, que le Phison est le Gan-

ge, on ne s'est point embarassé *ctions.*
de l'objection qu'on pouvoit rai-
sonnablement faire, sur la distan-
ce de sa source, & de celles des
autres fleuves qui venoient du
mesme lieu ; ce qui auroit fait le
Jardin presque aussi grand que la
terre. On a eû recours à des
conjectures frivoles, ou à des
fictions sans preuves, ou au mi-
racle, qui est le refuge ordinaire
de ceux à qui la raison ne fournit point de defense, & un moyen
seur pour soustenir les opinions
les plus bizarres. On avoit ouï
dire faussement que le Tigre &
l'Euphrate sortoient d'une mesme source ; & on avoit ouï dire
veritablement qu'assez prés de
cette source ils se plongeoient
sous la terre, & reparoissoient
bientost aprés. On n'a point exa-
miné la longueur de cette course cachée, & on a donné une

E iij

énorme étenduë à une étenduë
de peu de lieuës. On a dit que
cette pretenduë source avoit partagé ses eaux en quatre fleuves,
& que ces fleuves s'estoient ensuite cachez sous la terre, & qu'a-
prés de longs détours secrets &
inconnus, qu'ils avoient faits sous
divers païs, & sous diverses mers,
ils estoient allé renaistre au bout
du monde. Sur ce principe on a
choisi les fleuves qu'on a voulu, pour en faire le Phison & le
Gehon. Et veritablement fleuve
pour fleuve, on ne pouvoit mieux
choisir que le Gange.

IV. Ceux qui sans aller si loin
se sont arrestez à l'Inde, ou à
l'Hydaspe qui s'y joint, ou à
l'Hyphasis qui s'y joint aussi, selon quelques-uns, ou qui entre
dans la mer par sa propre embou-
chûre, selon d'autres, y ont trouvé une partie des mesmes avan-

tages, que les autres ont trouvez dans le Gange. L'Hydaſpe porte de l'or & des pierreries ; & Phi-loſtorge pour prouver que l'Hy-phaſis eſt le Phiſon, dit qu'il por-te l'arbre du Girofle, que les ha-bitans du païs croyent eſtre un des arbres du Paradis ; & qu'il guerit en un inſtant ceux qui s'y plongent dans l'ardeur de la fie-vre.

  V. Mais je ne puis deviner quelle raiſon a eûë Haython prince d'Armenie, & Religieux de l'ordre de Premonſtré, quoy que fort inſtruit des affaires du Levant, d'appeller Phiſon la gran-de riviere d'Oxus, qui tombe dans le coſté oriental de la mer Caſpie, nonobſtant que tous les écrivains Arabes l'appellent Ge-hon, perſuadez que c'eſt le fleu-ve de ce nom qui ſort du Para-dis.

E iiij

VI. D'ailleurs plusieurs Rabbins au grand collier, & mesme des plus anciens, avec les Arabes, & entre autres le Traducteur de l'Ecriture imprimé en Angleterre, ont ajugé au Nil le titre de Phison, pour les mesmes considerations qu'on l'a ajugé au Gange.

VII. Ceux qui ont prétendu que c'estoit le Phase, si renommé par la conqueste de la Toison, n'ont pas esté en peine d'y trouver de l'or. Sa source n'est pas éloignée de celles du Tigre & de l'Euphrate. Ses eaux sont d'une bonté exquise. On trouve quelques perles dans les mers voisines, mais si rousses, que les habitans ne daignent pas les ramasser. Mais je ne vois pas où l'on y trouvera l'Onyx, ni aucunes autres pierres précieuses, ni le Bdellium : & je vois encore moins, comment de la Colchide on pourra faire le païs de Chavilah.

VIII. Cefaire, frere de faint Gregoire de Nazianze, & Severien Evefque de Gabales, n'ont point affeûrement penfé à toutes ces convenances, quand ils ont avancé que le Danube eft le Phifon. Car encore que quelques anciens Auteurs ayent mis le Danube au nombre des fleuves qui portent l'or & les pierreries, & que la Hongrie qu'il traverfe, & la Boheme qui en eft proche, puiffent luy en avoir fourni, je ne penfe pas qu'on y ait jamais trouvé ni perles, ni Bdellium, ni que l'Allemagne ait jamais prétendu à l'honneur d'eftre Chavilah. Plufieurs favans perfonnages de l'antiquité, fort habiles gens d'ailleurs, ont efté fort ignoraŋs dans la Geographie. Ce-

quelques-
uns, le Da-
nube;

Cæfar.
Dialog. 1.
& 3.
Sever.
Hom. 5. in
Hexaëm.

E v

faire que je viens de citer, veut
que ce mesme Phison, qu'il croit
estre le Danube , ne laisse pas
d'estre aussi le Gange & l'Inde ;
& que ce fleuve aprés avoir parcouru l'Ethiopie & l'Elymaide
qu'il s'imagine estre le païs de
Chavilah , aille tomber dans
l'Ocean vers Cadis.

quelques autres, le Naharmalca ;

IX. Mais ceux qui ont crû
que ce pouvoit estre le Naharmalca, l'un des canaux qui joignent l'Euphrate au Tigre, n'ont
pensé ni à ces convenances, ni
à la nature de ce canal, qui fut
fait par Nabuchodonosor, & par
cette raison fut appellé *Naharmalca* par les Chaldéens, & *Fleuve royal* par les Grecs, & qui par
conséquent n'estoit pas du temps
de Moïse, & moins encore du
temps d'Adam. Ils eussent mieux
fait de prendre le parti de ceux,
qui ont avoüé de bonne foy,

qu’ils ne connoiſſoient point la ſituation de ce fleuve.

X. De tous ceux qui ſe ſont trompez dans la recherche qu’ils en ont faite, les plus excuſables, & les moins éloignez de la verité, ont eſté ceux qui ont crû que le Phiſon eſt le canal oriental des deux qui font le partage du Tigre & de l’Euphrate, aprés qu’ils ſe ſont joints prés d’Apamée, & avant qu’ils entrent dans la mer. Calvin, comme je l’ay déja remarqué, a eſté le premier auteur de cette opinion. Scaliger l’a fort loüée, & s’y eſt attaché, & enſuite beaucoup d’autres. Ils ont pû trouver des perles, des pierreries, & de l’or ſur les bords de ce canal; mais aſſûrément ils n’y ont pas trouvé le païs de Chavilah.

XI. Aprés avoir fait voir ce que le Phiſon n’eſt point, il reſte

&c d’autres enfin, le canal oriental des deux en quoy ſe partagent le Tigre & l’Euphrate joints enſemble.

Calv. in Gen. 2. 8. Scalig. De emend. temp. lib. 5. & Epiſt. lib. 4. Epiſt. 441.

On fait voir que le Phiſon eſt

de faire voir ce qu'il est. J'ay
déja dit que c'est le canal occidental des deux en quoy se divisent le Tigre & l'Euphrate joints
ensemble. Pour en demeurer
d'accord, il faut se souvenir que
Moïse écrivit son Pentateuque
dans l'Arabie Pierreuse ; & que
des quatre fleuves dont il a parlé, ce canal estoit le plus proche
de luy. De sorte que l'ordre naturel vouloit qu'il le nommast le
premier. Celuy qui se presentoit
ensuite, estoit le canal oriental ;
& je montreray qu'en effet ce
canal est le Gehon, qu'il a nommé le second. Ayant passé ce canal, & tournant à gauche pour
revenir au lieu d'où l'on estoit
parti, on rencontre le Tigre, &
ensuite l'Euphrate : & c'est l'ordre que Moïse a suivi. Comme
si je voulois faire le dénombrement des quatre plus grandes

rivieres de France, moy eſtant à Paris, & qu'aprés avoir commencé par la Loire, je continuaſſe par la Garonne, l'ordre naturel voudroit que je paſſaſſe enſuite au Rhoſne, & que je vinſſe finir à la Seine cette eſpece de cercle. De plus il faut remarquer, que Moïſe a donné plus de marques poúr reconnoiſtre le Phiſon, que pour aucun des autres; parce que celuy-là eſtant connu, on ne peut preſque plus ſe méprendre aux autres. Il a donc attaché quelques indices aux deux ſuivans, le Gehon, & le Tigre, & aucun à l'Euphrate, qui ne peut devenir douteux quand on a la connoiſſance des trois autres.

XII. L'origine du mot *Phiſon* contribuë encore à le diſtinguer. Car la pluſpart des Grammairiens Ebreux conviennent qu'il

L'origine du mot Phiſon *ſert à le prouver.*

vient du verbe פוש *puſch*, qui
ſignifie *regorger, eſtre en abondance ; s'augmenter, ſe multiplier ;* ou
de פָּשָׂה *paſcha*, qui ſignifie *ſe répandre ;* parce que, comme je
l'ay déja dit, les marées ſont ſi
violentes & ſi hautes dans cette
extremité du Golphe Perſique,
que nonobſtant les digues, elles
ne laiſſent pas d'entrer aſſez a-
vant dans les terres, qui ſont fort
molles & fort baſſes. Ainſi toute
cette coſte eſt pleine de lacs, de
mareſcages, & de ſables, comme Strabon le remarque. Du
temps de Moïſe, lors que l'art
n'avoit encore rien oppoſé à ces
attaques, il eſt croyable que les
débordemens eſtoient bien plus
grands qu'ils ne ſont maintenant. On ne pouvoit donc pas
donner un nom plus convenable
à ce canal ſi ſujet aux inondations, que celuy de *Phiſon*, que

Strab. lib.
16.

Josephe a fort bien expliqué par le mot πληθύς, c'est-à-dire *abondance*; & Scaliger encore mieux, par celuy de πλημμύρα, qui signifie *le debordement de la marée, le flux de la mer*. L'Auteur de l'Ecclesiastique a fait allusion à cette origine, lors qu'il dit de Dieu, *qu'il remplit tout de sagesse comme le Phison*. Je sçais qu'on allegue plusieurs autres etymologies de ce mot : mais celle que je propose est autorisée du suffrage des Grammairiens les plus estimez.

XIII. Schickard Professeur Alleman, homme singulier dans la connoissance des langues orientales, & des affaires du Levant, semble avoir entreveû la verité, lors qu'il a écrit dans son Commentaire sur le Tarich des Rois de Perse, qu'il est persuadé qu'il faut chercher le Phison dans l'Arabie, & que tous les

*Joseph.
Antiq. lib.
1. cap. 2.
Scalig. De
emend.
temp. lib.
5.
Eccli. 24.
35.*

*Plusieurs
savans hommes ont eû
quelque
connoissance de ce que
c'est que le
Phison.*

fleuves du Paradis tombent dans le Golphe Persique, par des embouchures assez proches les unes des autres. Steuchus en parle plus expressément encore, en disant que le Phison part de l'Euphrate & prend son cours vers les Arabes Chavilatéens. Il se trompe toutefois, en ce qu'il ne fait pas venir le Phison du Tigre & de l'Euphrate joints ensemble, mais de l'Euphrate avant sa jonction. Les Arabes ont donné droit au but, quand ils ont dit que le Phison estoit le canal de l'Euphrate qui passe prés de Bassora. Quelques-uns d'entre eux avoient donné ce nom au Nil, comme je l'ay déja marqué; mais d'autres plus clairvoyans se sont détrompez & ont reconnu la verité. Il faut consulter sur cela Giggeius & Golius. Je ne sçais si c'est des Arabes, ou de sa propre

erudition, qui eſtoit fort étenduë, que le Pere Kircher Jeſui-
te a pris la carte Geographique
qu'il a inſerée dans la deſcription
qu'il a faite de la Tour de Babel.
Il repreſente dans cette carte le
cours des quatre fleuves, le Phiſon, le Gehon, le Tigre, & l'Euphrate, & donne le nom de Phiſon au canal occidental, & le
nom de Gehon au canal oriental, qui partagent le Tigre &
l'Euphrate joints enſemble. M.
Bochart, qui ſe reſervoit à s'expliquer plus nettement & plus
au long dans ſon Traité du Paradis terreſtre, nous laiſſe deviner
ſon ſentiment, lors qu'il dit en
paſſant, dans ſon livre Des animaux de la ſainte Ecriture, que
le Phiſon eſt cette branche de
l'Euphrate, que Teixeira, dans
la Relation de ſon voyage des
Indes en Italie, dit qui ſe porte

Tom. 3.
pag. 1056.
Gol. Lexic.
Arab. pag.
1859.
Kirch.
Turr. Bab.
lib. 1. cap.
5.

Boch.
Hieroz.
Part. 2.
lib. 5. cap.
5.

Teixeir.
Voyag. des
Indes en
Ital. chap.
3.

dans le Golphe Perſique, du coſté du Catif, prés de Baharen. Le
Catif eſt une ville ſur la coſte
orientale de l'Arabie, qui a donné au Golphe Perſique le nom
de mer d'Elcatif, qu'il porte aujourd'huy : & Baharen eſt une
iſle du meſme Golphe, éloignée
du Catif d'environ dix lieües,
dont j'auray occaſion de parler
dans la ſuite. M. Thevenot, dans
les Relations de ſes voyages, décrit ce canal. Il dit qu'il paſſe
entre la terre ferme de Baſſora,
& l'iſle Chader, tirant droit au
Midy; que le canal oriental porte le meſme nom que portent le
Tigre & l'Euphrate joints enſemble, & s'appelle *Schat-el-Arab*,
c'eſt-à-dire, *Riviere des Arabes*,
& que ces deux bras forment la
grande iſle Chader, à laquelle
Teixeira donne plus de quatre-
vingt lieües de long. Je croy qu'il

Voyag. de
M. The-
ven. Tom.
2. liv. 3.
chap. 9. &
11.

a entendu des lieuës Efpagnoles,
qui en feroient prés de fix-vingt
des noftres. Le canal qui ferme
cette ifle du cofté du Couchant,
eft apparemment celuy qu'Alexandre fit ouvrir dans un terrein
pierreux & plus folide, que le
canal naturel par où l'on navi-
gcoit vers l'Arabie, qui n'en eftoit pas éloigné de deux lieües.
Ce dernier qui eftoit celuy dont
parle Moïfe, fe bouchoit aifé-
ment par le reflux de la mer ; fon
fond mou & aifé à remuer ne faifant pas grande réfiftance. C'eftoit proprement celuy-là, qui
s'appelloit Phifon : mais parce
que celuy d'Alexandre luy a fuc-
cedé, & en eftoit fi proche, je
luy ay confervé fon nom, fuivant
l'ufage ordinaire, qui ne change
pas les noms des rivieres, quand
on change leur cours, ou leur
embouchure ; non plus que les

noms des villes, quand on les fait changer de place.

XIV. Le nom de Phison estoit particulier du temps de Moïse à ce canal occidental, qui tiroit vers l'Arabie : mais il se communiqua depuis au Tigre meslé avec l'Euphrate : & des noms du Phison & du Tigre joints ensemble, on fit celuy de Pasitigris, qui a depuis passé jusqu'au canal oriental. De sorte que les noms de Tigre, d'Euphrate, & de Pasitigre, furent donnez presque indifferemment à toutes les parties de l'Euphrate, qui sont entre sa jonction avec le Tigre, & la mer. Comme aujourd'huy le nom de *Schat-el-Arab*, c'est-à-dire *Fleuve Arabique*, se donne presque à toutes ces mesmes parties. Et pour augmenter encore la confusion, les soldats d'Alexandre revenans du

Levant, donnerent au fleuve Oroatis, qui borne la Suſiane du coſté de l’Orient, le nom du Paſitigre, qui la borne du coſté de l’Occident. Soit qu’ils s’y mépriſſent, ou qu’ils le fiſſent exprés, affectant de donner des noms illuſtres aux lieux où ils portoient leurs armes, pour augmenter la réputation de leurs victoires. Ainſi ils donnerent le nom de Caucaſe à la montagne de Paropamiſe ; & le nom de Tanaïs à la riviere d’Orexarte. Les Hiſtoriens venans enſuite à écrire les conqueſtes d’Alexandre ſur les relations de ces ſoldats, & ne diſtinguant point le faux Paſitigre, je veux dire l’Oroatis, d’avec le veritable, c’eſt-à-dire le Tigre, ils ont fait des Paſitigres, non-ſeulement de ces deux rivieres, mais encore de l’Eulée, qui eſt le meſme que le Choaſpe, selon quelques-uns; & qui selon d'autres ne fait que le recevoir dans son lit : & aprés luy avoir donné le nom de Pasitigre, ils luy ont donné celuy du Tigre mesme, & celuy de l'Euphrate.

Chapitre VIII.

Continuation de l'explication de l'onziéme Verset.

I. Diverses opinions touchant la terre de Cha-vilah. II. On fait voir la veritable situa-tion de la terre de Chavilah, que parcourt le Phison.

Diverses opinions touchant la terre de Chavilah.

I. VErset 11. *C'est celuy qui tournoye dans toute la terre de Chavilah.* Les plus sures marques pour reconnoistre le Phison, sont celles que Moïse y a apposées, lors qu'il a dit qu'il arrose la terre de Chavilah ; qu'on trouve dans cette terre de

bon or, des perles, ou du Bdellium, & la pierre d'Onyx. Si je
fais donc voir que ces marques conviennent uniquement
au fleuve que je prétends eftre le
Phifon, on ne pourra pas con-
tefter mon fentiment. C'eftoit
par là que devoient commencer
ceux qui ont recherché la fituation de cette riviere, dont j'ay
rapporté les differentes opinions.
Car fi aprés avoir découvert un
païs de Chavilah, fecond en or,
en perles, & en pierres précieufes, ils y euffent découvert un
fleuve qui euft eû quelque jonction avec le Gehon, le Tigre,
& l'Euphrate, ils auroient rai-
fonné confequemment, en con-
cluant que ce fleuve devoit eftre
le Phifon. Mais au lieu de cela,
ils ont placé le Phifon là où il
leur a plû, & quafi à l'avanture,
& ils ont enfuite nommé Cha-

vilah le païs qu'ils avoient choisi
pour y mettre le Phison. Et comme les deux plus communes opinions, de celles que j'ay rappor-
técs, sont que le Phison est le
Gange, ou qu'il est le canal oriental des deux qui partagent le Tigre & l'Euphrate aprés leur jonction : aussi les deux plus communes opinions touchant Chavilah, sont que c'est la partie des
Indes que parcourt le Gange,
comme la pluspart des Peres
l'ont crû ; ou que c'est la Susiane, qui est à l'Orient de ce canal.
Josephe, suivi par saint Jerosme,
& par plusieurs autres, a imaginé une autre Chavilah en Afrique, du costé du Couchant, & a
donné ce nom à la Getulie, sans
en apporter aucune raison. Je
n'en vois point d'autre, que la
conformité qui se trouve entre
les mots de Chavilath & de Getulie,

Joseph.
Antiq. lib.
1. cap. 7.
Hieron.
Quæst.
Ebr. in
Gen.

tulie, lors qu'on en tranfpofe les lettres. Si cette preuve a lieu, il faut recevoir toutes les anagrammes, comme des argumens fans replique.

II. Pour trouver Chavilah, il falloit fuivre les traces que les Ecrivains facrez ont marquées. Dans le dixiéme chapitre de la Genefe, où la difperfion des nations, qui fe fit aprés la confufion de Babel, eft tres-exactement décrite, & où les noms des Patriarches & des fondateurs des nations, qui font prefque tous les mefmes noms que ceux de ces nations, on trouve deux Chavilah; l'un, fils de Chus; & l'autre, fils de Jectan. M. Bochart qui a expliqué ce chapitre dans fon Phaleg avec beaucoup d'érudition, montre que ce dernier Chavilah eft fondateur de la nation qui habite le païs de Chau-

On fait voir la veritable fituation de la terre de Chavilah, que parcourt le Phifon. Gen. 10. 7. Gen. 10. 26. & feq. & 1. Par. 1. 23.

F

lan, situé sur la coste orientale du Golphe Arabique, à l'occident de l'Arabie Heureuse. Cette contrée n'a aucun rapport avec celle que nous cherchons: mais bien l'autre, qui a pris son nom de Chavilah fils de Chus, comme nous l'enseigne le mesme M. Bochart. Moïse & l'Auteur du livre de Samuel, indiquent bien nettement la situation de ce païs de Chavilah, lors que pour exprimer les deux extremitez de l'Arabie voisine de la Terre Sainte, ils nomment Chavilah & Sur. Sur estoit un desert à l'entrée d'Egypte, vers l'extremité du Golphe Arabique. Il falloit donc que Chavilah fust à l'autre costé de l'Arabie, vers l'extremité du Golphe Persique, c'est-à-dire, commençant à l'Occident de l'embouchure du canal que je prétens estre le Phi-

Boch. Phal. lib. 4. cap. 11.
Gen. 25. 18.
1. Sam. 15. 7.

fon; & s'étendant vers le Midy,
le long de la cofte occidentale de
ce Golphe, jufques vers le Catif.
Et Jofephe rapportant les mefmes faits, qui font expofez dans
ces endroits de Moïfe & du livre
de Samuel, & voulant marquer
les mefmes bornes de cette dif-
tance, au lieu de Sur, met Pelu-
fe, la premiere ville qu'on rencontre en allant de la Paleftine
en Egypte, le long de la mer; &
au lieu de Chavilah, il met la
mer Rouge ou Erythréenne, dé-
fignant clairement par ces paroles la fituation de Chavilah. Les
habitans de ce païs n'ont pas efté
inconnus aux Auteurs profanes.
Ils les nomment Chavlothéens,
Chablafiens, Chavlafiens, &
Chaveléens, noms manifefte -
ment dérivez de celuy de Chavilah „ou Chavilath (ainfi que
ce nom s'écrit, quand il eft en

Jofeph.
Antiq. lib.
6. cap. 8.

F ij

regimé) & les placent entre les Nabathéens, & les Agréens, peuples Ismaëlites d'origine, habitans l'Arabie Deserte, assez prés de l'extremité du Golphe Persique. Plusieurs savans hommes modernes , Steuchus entre autres, Beroalde, Grotius , Hornius , & Bochart, ont reconnu cette situation de Chavilah , & ont bien veû que ces peuples que je viens de nommer, en ont pris le nom & la situation. Peut-estre Calathua, ville de l'Arabie Deserte , que Ptolomée place vers les mesmes lieux, a-t-elle icy quelque rapport.

Steuch.
Cosmop.
Beroald.
Chronic.
lib. 2.
Grot. in
Gen. 2. 11.
Horn. in
Sulpit.
Sever. lib.
1.
Boch.Phal.
Præf.& lib.
4. cap. 11.

Chapitre IX.

ontinuation de l'explication de l'onziéme Verset, & commencement de l'explication du douziéme.

Or d'Arabie, 11. & principalement de Chavilah.

CE n'est pas tout : il nous faut trouver icy de l'or, de bon or. Cela ne sera pas fficile : car les Auteurs sacrez profanes vantent fort l'or & richesses de l'Arabie. Diodo- écrit que l'on trouvoit dans Arabie de l'or naturel, d'une uleur si vive, qu'elle ressem- oit à l'éclat du feu ; & si pur 'il n'avoit point besoin de ćtion ni de raffinage pour estre rifié. Vers l'Occident de cette

Or d'Arabie,

Diodor. lib. 2. & 3.

contrée l'or eſtoit en ſi grande
abondance dans le païs des Ali-
léens & des Caſſanites, qu'ils
l'eſtimoient moins que l'argent,
que le cuivre, & que le fer. On
peut juger des richeſſes des Sabéens, & des autres Arabes, par
les preſens que la Reine de Saba,
& tous les Rois d'Arabie firent à
Salomon, & par pluſieurs autres
témoignages de l'Ecriture; & par
ce qu'a écrit Agatharchide, que
les Sabéens avoient empli d'or
la Syrie. Pluſieurs peuples d'A-
rabie portoient le nom de Sabéens. Mais pour venir à Chavilah, qui eſtoit ſur la coſte occidentale & meridionale du Golphe Perſique, on ne peut pas
douter qu'Ezechiel ne parle de
ceux qui eſtoient ſituez ſur la
meſme coſte, lors qu'il dit à la
ville de Tyr, que les marchands
d'Arabie, de Dedan, & de Ce-

Ezech. 27.
20, & ſeq.

dar, luy fournissoient leurs denrées ; que ceux de Saba & de Regma, y trafiquoient d'or, de pierres precieuses, & de toutes sortes d'aromates ; que Haran, Chene, & Eden ; Saba, Assur, & Chelmad, luy vendoient toutes sortes de marchandises de prix. Toutes ces nations avoient beaucoup de communication entre elles par l'Euphrate, & par le Golphe Persique : & il faut remarquer en particulier que le Prophete joint Eden, region où estoit situé le Paradis, à Saba voisine de Chavilah. C'est encore à cette Saba, qu'il faut rapporter les paroles que David adresse à Jesus - Christ sous la personne de Salomon, dans le Pseaume prophetique soixante & douziéme : lors qu'il luy prédit que les rois de Saba luy apporteront des presens & de l'or

Pfalm. 72.
v. 10, 15.

Matth. 2,
3, 11.

de leur païs : prediction qui fut accomplie, quand les Mages venus d'Arabie, selon la plus commune opinion, presenterent à noſtre Seigneur de l'or, de l'encens, & de la myrrhe. Rhegma, dont parle Ezechiel, eſtoit encore une ville d'Arabie, ſituée sur le meſme Golphe, fertile en or & en pierreries.

& principalement de
Chavilah.

I I. L'Arabie eſtant donc ſi remplie de richeſſes, & principalement d'or, & d'un tres-bon or, on ne peut pas douter qu'elle n'en fiſt un grand commerce avec les provinces voiſines, ſituées le long de l'Euphrate, qui eſtoit alors le païs du monde le plus peuplé : & la province de Chavilah eſtant frontiere entre ces états, il falloit de neceſſité, qu'outre l'or de ſon cru, elle en euſt encore beaucoup des provinces voiſines dans ſes maga-

zins, par les paſſages & les entre-
poſts frequens des marchands.

CHAPITRE X.

Continuation de l'explication du douziéme Verſet.

I. *Diverſes opinions ſur la ſignification du mot Ebreu* בְּדֹלַח *Bedolach.* II. *Les deux plus probables ſont, celle qui veut que ce ſoit une Gomme aromatique, & celle qui veut que ce ſoient des Perles.* III. *La plus celebre peſ-che de perles, qui ſoit au monde, ſe fait prés de Chavilah.* IV. *On trouvoit auſſi beaucoup de Bdellium dans le meſme païs.*

I. LE mot Ebreu בְּדֹלַח *Bedo-lach*, que j'ay rendu par celuy de *Bdellium*, eſt traduit bien diverſement par les Inter-pretes. Les Septante veulent qu'il ſignifie icy l'Eſcarboucle, & dans l'onziéme chapitre des Nombres, le Cryſtal. Ils ſont ſuivis dans la premiere explica-

Diverſes opinions ſur la ſignifica-tion du mot Ebreu בְּדֹלַח *Bedolach.*

F v

tion par la pluspart des Peres
Grecs & Latins. Saint Jerosme
aprés Josephe, & les trois Interpretes Grecs, Aquila, Theodotion, & Symmaque, rendent ce
mot par celuy de *Bdellium*, qui
est une gomme odoriferante, que
quelques-uns croyent estre l'A-
nime. Il s'en trouve qui pensent
que ce soit l'Ebene, ou le Poi-
vrier, ou le Giroflier. Le Traducteur Perse veut que ce soit le
Berylle. Les Traducteurs Arabes, & le Syriaque, quelques
Rabbins, & Saadias Gaon à leur
teste, & un grand nombre de savans hommes à leur suite, soustiennent que ce sont des Perles.
D'autres Rabbins prétendent
que ce soit le Crystal; d'autres, le
Diamant; d'autres, le Jaspe; d'autres, l'Emeraude; ou quelque autre pierre precieuse.

II. De toutes ces opinions, les

deux plus probables, & qui ont le plus partagé les favans, font, celle qui explique *Bedolach*, une Gomme aromatique, & celle qui l'explique des Perles. Le paffage du livre des Nombres, qu'on allegue pour preuve de cette derniere opinion, me paroift fi décifif, que je ne vois pas qu'elle exception on luy peut oppofer; car Moïfe voulant décrire la Manne, dit qu'elle eftoit femblable à la graine de coriandre, & de la couleur de Bedolach. Or il paroift par une autre defcription de la Manne, qui fe trouve dans l'Exode, qu'elle eftoit blanche, felon la verfion des Septante; ce qui convient aux Perles, auffi-bien que la rondeur de la Manne, & nullement au Bdellium. De là vient que les Talmudiftes, comme l'a doctement obfervé M. Bochart, rapportant

bles opinions font, celle qui veut que ce foit une Gomme aromatique, & celle qui veut que ce foient des Perles. Num. 11. 7.

Exod. 16. 14.

Thalm. Joma, cap. 8. Boch.

Hieroz.
Part. 2. lib.
5. cap. 5.

cette defcription de la Manne, qui eft au livre des Nombres, au lieu de dire qu'elle eftoit de la couleur du Bdellium, ont dit qu'elle eftoit de la couleur des Perles. Je ne prendray point de parti dans cette querelle. Il me fuffit pour mon deffein, de faire voir, que foit qu'on prenne l'E-breu *Bedolach* pour des Perles, ou pour du Bdellium, l'un & l'autre convient à la terre de Chavilah.

La plus ce-lebre pefche de Perles, qui foit au monde, fe fait prés de Chavilah.

III. Car pour des perles, il eft certain, qu'il n'y a point de lieu au monde, où l'on en pefche de fi belles, ni en fi grande quan-tité, que dans la mer qui eft aux environs de Baharen, Ifle du Golphe Perfique, éloignée de dix lieuës du Catif; c'eft-à-dire dans la mer qui bat les coftes de Chavilah, & la où conduit l'em-bouchure du Phifon. Je ne char-

geray pas cét ouvrage d'une infinité de citations, pour faire voir
en quelle quantité font les perles du Golphe Perſique, & en
quelle eſtime elles font chez les
anciens Auteurs, & chez les modernes. J'ay écrit autrefois aſſez
amplement fur cette matiere
dans mes Obſervations fur Origene, & j'ay allegué le témoignage de l'Antiquité. Néant-
moins de peur que le Lecteur ne
croye que je luy demande credit,
faute d'avoir de quoy le payer,
j'en nommeray feulement quelques-uns, dont l'autorité doit
faire foy. Nearque, l'un des ca-
pitaines d'Alexandre, qui con-
duiſit fa flotte depuis les Indes,
juſqu'au fonds du Golphe Perſique, parle d'une iſle de ce Golphe, fertile en perles de grand
prix. Iſidore de Charax, qui veſ-
cut peu aprés, dit la meſme-cho-

Athen. lib. 3. Plin. lib. 6. cap. 28. & lib. 9. cap. 35.

se. Pline aprés avoir vanté les Perles qu'on trouve dans les mers des Indes, dit que la principale loüange est duë à celles qu'on pesche vers l'Arabie, dans le Golphe Persique : & il désigne l'isle de Tylos en un autre endroit, pour le lieu de cette pesche, que plusieurs croyent estre celle de Baharen. Arrien auteur du Periple de la mer Rouge, préfere les perles d'Arabie à celles des Indes.

Ælian. De anim. lib. 10. cap 13. & lib. 15. cap. 8. Orig. in Matth. 13. 45.

Elien décrit assez exactement la maniere dont on les peschoit, & le cas qu'on en faisoit. Origene assüre que les perles des Indes surpassent toutes les autres en valeur, & qu'entre toutes les perles des Indes, celles de la mer Rouge ont la preference. Ces paroles font voir qu'il faisoit la mer de Perse une

Plin. lib. 9. cap. 35.

partie de celle des Indes. Pline en use de mesme. Et en effet on

divifoit toute cette grande mer
qui environne la cofte meridionale de l'Afie & de l'Afrique, en
deux mers; celle des Indes, &
celle d'Ethiopie : & la mer des
Indes, là mefme où elle touche
les Indes, s'appelloit aufli mer
Rouge ou Erythréenne. On peut
conclure de là, que les loüanges
que les anciens ont données aux
perles des Indes, pouvoient ap-
partenir aux perles d'Arabie ;
mais qu'on ne pouvoit pas rendre commun avec les perles des
Indes, ce qu'on a dit de celles
d'Arabie : parce que ce qui appartient au tout, appartient à
chaque partie à proportion : mais
ce qui appartient à chaque partie, n'appartient pas au tout. Le
Rabbin Benjamin Navarrois, qui
vivoit il y a cinq cens cinquante
ans, eftant au Catif, s'inftruifit
de la pefche des perles qui s'y

fait tous les ans, & de la maniere dont elle s'y fait, & en a inferé le recit dans l'hiftoire de fon voyage, qu'il nous a laiflée. Teixeira Portugais, autre voyageur, a décrit cette pefche plus exactement encore. Il dit que les perles de cette mer font plus belles & plus pefantes que celles des autres endroits, & qu'on en vend tous les ans dans l'ifle d'Ormuz pour plus de cinq cens mille ducats. Ajouftez le témoignage des autres Voyageurs modernes, de Balby, de Linfcot, de Vincent le Blanc, du celebré Tavernier, & de M. Thevenot, qui par fes voyages & fes écrits s'eft montré fi digne du nom qu'il porte. Outre la pefche de Baharen, il a encore décrit celle de Carek, autre ifle du mefme Golphe, plus proche de l'embouchure du Phifon. Plufieurs autres

Teix. hift. d'Ormuz, chap. 19.

Balby. Tom. 2. Ind. Orient. de Bry, Part. 7. chap. 15. Linfcot chap. 5. Vincent le Blanc, Part. 1. chap. 10. Tavern. Tom. 1.

lieux de cette mer donnent des perles; & toute la coste d'Arabie, depuis Mascate jusqu'au Catif. Cette derniere place appartenoit à un Emir Arabe : le Bacha de Bassora s'en est rendu maistre. Baharen est au roy de Perse.

IV. Ceux qui soustiennent que Bedolach est le Bdellium, en trouvent aussi en Arabie. Le témoignage de Dioscoride y est exprés : & il prefere le Bdellium des Sarrasins à celuy des Indes. Isidore & Sylvaticus sont du mesme avis. Et Galien en comparant le Bdellium Arabique avec le Bdellium Scythique, c'est-à-dire avec le Bdellium des Indes (car une partie des Indes meridionales, est appellée Scythie & Indoscythie) attribuë au premier des avantages, qu'il ne donne pas au second. Pline estime plus le Bdellium de la Bactriane, que

liv. 2. chap. 9. liv. 4. chap. 2. Tom 2. liv. 2. chap. 20. Theven. Tom. 2. liv. 3. chap. 11. & Tom. 3. chap. 11. *On trouvoit aussi beaucoup de Bdellium dans le mesme païs.* Dioscor. lib. 1. cap. 81. Isidor. Etym. lib. 17. cap. 8. Sylvat. Pandect. in Bdellium. Galen. de Simplic. medic. fac. lib. 6.

Plin. lib. 12. cap. 9.

celuy de l'Arabie ; mais il préfere celuy d'Arabie à tous les autres. Il fait naiftre cét arbre dans
les fables du Golphe Perfique ;
que le flux de la mer couvre de
fes marées. : & je ne fçais fi ce ne
feroit point celuy que Strabon
defigne fans le nommer, fur le
rapport de Nearque, lors qu'il
dit qu'il naift dans les ifles qui
font devant l'Euphrate, qu'il a
une odeur d'encens, & que fes
racines eftant rompuës rendent
ce fuc odoriferant. Or de quelque lieu de l'Arabie qu'il vint, il
falloit qu'on apportaft dans le
païs de Chavilah tout celuy qui
devoit eftre tranfporté dans les
païs fituez le long du Tigre & de
l'Euphrate, & dans le refte de
l'Afie Septentrionale. C'eft ce
qui a fait dire à Arrien, que dans
la ville de Diridotis, qui eft la
mefme que Teredon, dont on

Strab. lib.
16.

Arrian.
Indic.

voit encore aujourd'huy les ruines vers l'embouchure du Phiſon, il ſe faiſoit un grand debit
d'aromates, & de toutes les dro-
gues d'Arabie.

CHAPITRE XI.

Continuation de l'explication du douziéme Verſet.

I. *Diverſes opinions ſur la ſignification du mot Ebreu* שהם *Schoham.* II. *L'Arabie eſtoit autrefois le païs du monde le plus abon-
dant en pierreries.* III. *Les Anciens ont
cru que l'Onyx ne ſe trouvoit que dans
l'Arabie.*

I. J'Ay ſuivi la verſion Vulgate, en rendant le mot Ebreu
שהם *Schoham*, par celuy d'O-
nyx; quoy que ce ne ſoit peut-
eſtre pas la meilleure, & qu'il y
euſt autant de raiſon de le traduire par le mot de Berylle. On
convient, que l'on ignore la veri-

table signification des noms E-
breux des pierreries, & l'on a
remarqué que des douze pierres
qui estoient dans le Rational du
grand Prestre, il n'y a eu que le
Sapphir, & le Jaspe qui ayent
gardé leurs noms. Je dirois de
plus que l'on n'est pas mesme
tout-à-fait asluré, que les pierres que les Ebreux appelloient
Sapphir & Jaspe, soient celles
qu'aujourd'huy nous appellons
ainsi. Car si les noms Grecs des
plantes ont esté sujets à tant d'é-
quivoques, les noms Ebreux des
pierreries l'ont sans doute esté
bien d'avantage. Le mot *Soham*,
dont il s'agit, en est un bel exemple. Les Septante, qui l'ont traduit icy *la pierre Prasine*, le tra-
duisent ailleurs *Onyx*; quelquefois *Emeraude*; tantost *Berylle*;
tantost *Sapphir*; & tantost *la
pierre Sardienne*. Les trois au-

Job. 28. 16.
Exod. 28.
9. & 35. 25.
& 39. 5.
Exod. 28.
20. & 39.
11.

tres Traducteurs Grecs, Aquila, Theodotion, & Symmaque, veulent que ce soit l'Onyx ; Philon, l'Emeraude, s'attachant en cét endroit aux Septante ; & Josephe, la Sardoine. Saint Jerosme en rapportant cette traduction de Josephe, dit qu'elle répond à celle d'Aquila, & mesme à l'Ebreu. D'où il s'ensuit que saint Jerosme a cru que l'Ebreu *Soham* signifie l'Onyx, & que l'Onyx & la Sardoine sont la mesme chose. Aussi l'ayant traduit icy *Onyx* dans la Vulgate, il l'a traduit *Sardonyx* dans le livre de Job. Saadias semble estre du mesme avis, en disant que c'est une pierre precieuse blanche & nette. Aben Ezra qui le cite, confesse là-dessus son ignorance. David de Pomis, & presque tous les faiseurs de Dictionnaires Ebraiques, sont aussi pour l'Onyx.

Ezech. 28. 13.
Exod. 35. 9.
Phil. De monarch. lib. 2.
Exod. 28. 9.
Joseph. Antiq. lib. 3. cap. 8, & 9. & De bell. Jud. lib. 6. cap. 15.
Hier. Epist. 128. ad Fabiolam, De veste sacerdotali.

Job. 28. 16.

Aben. Ezr. in Gen. 2. 12.

Mof. Barc.
cap. 21. &
28.
Arias
Mont. in
lib. Aaron.
Italic.
verf. apud
Hieron.
Quæst. Eb.
in Gen.
Eufeb. De
locis Ebr.
Sever.
Hom. 5. in
Hexaëm.
Ambrof. de
Parad. c. 3.
Augustin.
De Gen. ad
liter. lib.
3. cap. 7.
Epiphan.
de x i i.
gemm.

*L'Arabie
estoit autre-
fois le païs
du monde
le plus
abondant
en pierre-
ries.*

Mais les Paraphrastes Chaldéens, Onkelos, & Jonathan;
l'Interprete Arabe & le Syrien,
Moïfe Barcepha qui l'a fuivi,
comme eftant Syrien luy-mefme,
prennent Soham pour le Berylle.
Arias Montanus voulant concilier ces opinions differentes, a
avancé que le Berylle eft une ef-
pece d'Onyx. L'ancienne verfion
Italique, Eufebe, Severien, faint
Ambroife, faint Auguftin, &
plufieurs autres Peres de l'Eglife,
fuivent icy les Septante, & tra-
duifent comme eux *la pierre Pra-
fine*. Et faint Epiphane a traduit
le Berylle, comme le Paraphraf-
te Chaldéen.

II. J'allegue cette diverfité
d'opinions, pour faire voir qu'on
ne peut rien dire de certain de la
pierre Soham; & qu'ainfi il me
doit fuffire de montrer combien
l'Arabie a efté autrefois fertile

en pierreries. Je dis autrefois, car
aujourd'huy ce n'eſt plus cela, &
le grand trafic s'en fait dans le
Levant. Je mettray à la teſte de
mes preuves le paſſage d'Eze- Ezech. 27.
chiel, que j'ay déja cité : où ce ²².
Prophete dans la liſte des princi-
pales marchandiſes qui venoient
de Saba & de Rhegma, lieux de
l'Arabie Heureuſe, ſituez ſur la
coſte orientale, non loin de Chavilah, & dont les Arabes trafiquoient avec les Tyriens, met
les aromates les plus precieux,
les pierreries, & l'or. Nearque,
qui avoit navigé dans le Golphe
Perſique, aſſuroit, comme rap-
porte Strabon, qu'il y avoit plu- Strab. lib.
ſieurs iſles de ce Golphe, qui por- ¹⁶.
toient des pierreries d'un fort
grand éclat. Le meſme Strabon
dit que les richeſſes de l'Arabie,
qui conſiſtoient en pierres pré-
cieuſes & en excellens parfums,

dont le negoce leur attiroit beaucoup d'or & d'argent, outre l'or
naturel du païs, obligerent Au-
gufte d'y envoyer Ælius Gallus,
pour fe concilier ces peuples, &
profiter de leurs richefles, ou
pour les fubjuguer. Diodore s'é-
tend fort fur les avantages de
l'Arabie, & principalement fur
fes pierreries. Il dit que cette region en fournit de toutes les fortes, qu'elles font eftimables par
la varieté & l'éclat de leurs cou-
leurs, & il en recherche les caufes naturelles. Pline qui a donné tout fon dernier livre à l'é-
claircifl'ement de cette matiere,
& qui marque affez curieufe-
ment les païs des pierreries, fait
venir d'Arabie celles qu'on eftime le plus. Quoy qu'elles y foient
plus rares maintenant qu'elles
n'eftoient alors; car les mines de
pierres précieufes, auffi-bien que
celles

celles des metaux s'épuisent à la longue, les Voyageurs, les Naturalistes, & les Lapidaires ne laissent pas d'y en trouver. Giulfal & Baharen en fournissent quelques-unes, & le continent d'Arabie beaucoup d'avantage.

III. Que si quelqu'un néanmoins veut restreindre à l'Onyx le passage de Moyse, il aura pour luy le témoignage de Pline qui dit que les Anciens estoient persuadez que l'Onyx ne se trouvoit point ailleurs que dans les montagnes d'Arabie.

Les Anciens ont cru que l'Onyx ne se trouvoit que dans l'Arabie. Plin. lib. 35. cap. 7.

CHAPITRE XII.

Explication du treiziéme Verset.

I. Les deux plus communes opinions touchant le Gehon, sont, celle qui veut que ce soit le Nil; & celle qui veut que ce soit le canal occidental des deux qui partagent le Tigre & l'Euphrate joints ensemble. II. Fondemens de l'opinion qui veut que le Gehon soit le Nil. III. Du nom Ebreu שיחור Schichor, que Jeremie donne au Nil, & que les Septante ont rendu par celuy de γηων. IV. Pourquoy l'on a cru que le Nil & quelques autres rivieres venoient du Ciel. V. On a confondu l'Oxus avec le Nil. VI. Fondemens de l'opinion, qui veut que le Gehon soit le canal le plus occidental, des deux qui partagent le Tigre & l'Euphrate joints ensemble. VII. Le Gehon est le canal oriental des deux qui divisent l'assemblage de l'Euphrate & du Tigre. VIII. L'origine du mot Gehon sert à le prouver. IX. Pourquoy Moyse a moins apposé de marques au Gehon qu'au Phison, & pourquoy l'on a cru que le Nil sortoit de l'Euphrate.

Les deux plus communes opinions tou-

I. VErset 13. Et le nom du second fleuve est Gehon: c'est celuy qui tournoye dans toute la *terre de Chus.* Le fleuve Gehon n'a pas moins partagé les sentimens que le Phifon. Il a paſſé chez les uns pour le Gange ; chez les autres, & particulierement chez les Arabes pour l'Oxus. On l'a pris pour l'Araxe ; pour le Naharmalca, qui eſt un des canaux faits à la main, qui joignent l'Euphrate au Tigre ; pour le Naharfarés, qui eſt le plus occidental de ces canaux : & pour le torrent du meſme nom de Gehon qui eſt proche de Jeruſalem. Je paſſe d'autres opinions encore, pour venir aux deux qui ont le plus de partiſans ; je veux dire, celle qui fouſtient que Gehon eſt le Nil, & celle qui fouſtient que c'eſt le canal le plus occidental des deux qui partagent le Tigre & l'Euphrate joints enſemble, que j'ay montré eſtre le Phifon.

chant le Gehon, font, celle qui veut que ce soit le Nil, & celle qui veut que ce soit le canal occidental des deux qui partagent le Tigre & l'Euphrate joints enſemble.

G ij

Fondemens
de l'opinion
qui veut
que le Ge-
hon soit le
Nil.
Joseph.
Antiq. lib.
1. cap. 2.

II. La premiere de ces opinions qui veut que Gehon soit le Nil, est celle de Josephe, de la pluspart des Peres de l'Eglise, & d'une infinité d'Interpretes de la sainte Ecriture. Les Abyssins mesme s'en flattent, & ne connoissent aujourd'huy le Nil, que sous le nom de Gichon, par une erreur semblable à celle qui leur a fait dire que la Reine de Saba avoit regné dans leur païs; & que leurs Rois sont sortis de Salomon & d'elle; & que Memnon estoit leur compatriote. Cette opinion s'est établie premierement sur le passage de l'Ecclesiastique, que j'ay rapporté cy-dessus; où dans le dénombrement des cinq fleuves, le Phison, le Tigre, l'Euphrate, le Jourdain, & le Gehon, comme on a cru que l'Auteur l'ayant commencé par l'Orient, il falloit que le

Eccli. 24.
35. & seq.

Phison fuſt le Gange ; on a cru auſſi qu'il l'avoit fini par l'Occident, & partant que le Gehon eſtoit le Nil. On s'eſt perſuadé de plus que c'eſtoit le ſentiment des Septante, parce que dans le ſecond chapitre de Jeremie ils ont rendu le mot Ebreu שיחור *Schichor*, par celuy de γηῶν.

III. Ce paſſage merite quelque conſideration. Dieu reproche aux Iſraëlites qu'ils ont oublié la confiance qu'ils luy doivent, pour chercher l'appuy des Egyptiens & des Aſſyriens. *Que prétendez-vous*, leur dit Dieu, *prenant le chemin d'Egypte, pour aller boire l'eau du Nil ?* Les Septante ont traduit, ὕδωρ γηῶν, *l'eau de Gehon :* & ſaint Jeroſme, *l'eau trouble. Schichor* ne ſignifie point proprement *trouble :* il ſignifie *noir ;* & on a donné ce nom au Nil, parce que ſes eaux font noires. Les Egyptiens pour cette raison le peignoient de couleur noire, sous la personne d'Osiris, & les Grecs l'appelloient Μέλας, *noir*; & les Latins *Melo*; d'où quelques-uns veulent que se soit formé le mot *Nilus*. Ils se trompent. Ce nom vient de celuy de *Nuchul*, que luy donnoient ceux qui habitoient sur ses bords, comme nous l'enseigne le geographe Æthicus. *Nuchul* est la mesme chose que l'Ebreu נַחַל *Nachal*, qui signifie *torrent*, comme l'appellent souvent les Auteurs sacrez, à cause de ses inondations ordinaires, causées par les pluyes. Comme de *Nachal*, ou *Nuchul* s'est formé *Nilus*; ainsi de *Schichor* s'est formé *Siris* & *Sirius* qui sont les noms du Nil : & le dernier s'est communiqué à la Canicule, parce que le débordement du Nil com-

mence dans les jours Canicutai-
res. Cependant comme l'eau de
ce fleuve n'est noire, que parce
qu'elle est pleine de la bourbe
d'Egypte, dont le terroir est noir,
ce qui luy a fait donner l'epithete de μελάμβωλος, la version de
saint Jerosme, qui traduit *trouble*, peut subsister, en prenant
l'effet pour la cause. Peut-estre
les Septante dans la mesme veuë,
avoient-ils écrit, ὕδωρ γήϊον, *l'eau
terreuse*, *l'eau bourbeuse* ; ce qui
depuis a degeneré en γιὼν. Je ne
l'assure pas néanmoins, puisque
quelques anciens interpretes de
la version des Septante, & les Peres de l'Eglise, qui citent ce passage, lisent constamment γιὼν.

IV. Depuis que le Nil a passé pour le Gehon, les Egyptiens,
nation fort superstitieuse, & mesme les Gymnosophistes, Philo-
sophes de grande réputation,

G iiij

n'ont mis aucunes bornes au culte qu'ils luy ont rendu. Non seulement ils ont estimé que sa source estoit sacrée ; non seulement ils l'ont adoré & invoqué, comme le plus grand des Dieux, sous le nom d'Osiris, nom derivé, comme j'ay dit, de celuy de *Schichor*; sous le nom d'Orus, & sous celuy de Jupiter ; non seulement ils ont institué en son honneur la plus grande de leurs festes, & luy ont consacré des Prestres : mais ils ont encore dit qu'il estoit descendu du Ciel. Les Turcs, & les Juifs, sans beaucoup raffiner, les en ont crus bonnement sur leur parole, & se sont laissé persuader que cette eau estoit sainte ; d'autant plus facilement, que la source leur en estoit inconnuë. Homere qui avoit voyagé & étudié en Egypte, y avoit pris cette doctrine ; car il

Homer.
Odyss. Δ.

appelle le Nil διιπετὴς, c'eſt-à-
dire *venu de Jupiter.* Et cela eſt
vray en un ſens, comme Strabon
& Euſtathius l'ont remarqué, car
ſon debordement n'eſt cauſé que
par les pluyes, dont les Poëtes
ont dit que Jupiter eſt le diſpen-
ſateur : ce que les Anciens n'ont
pas ignoré. De ſorte que le
διιπετὴς d'Homere ſignifie proprement en ce ſens, *tombé des*
nuës. C'eſt apparemment en veuë
de cette epithete d'Homere, &
pour deſigner le Nil, que Plaute
parlant d'un fleuve qu'il ne nomme point, a dit qu'il a ſa ſource
dans le ciel, ſous le thrône de
Jupiter. Les Ethiopiens n'ont pas
laiſſé de nommer le Nil *Aſta-*
pus, ce qui ſignifie en leur langue, *Eau ſortie des tenebres ;* mais
par une autre raiſon, ou parce
qu'ils ignorent le lieu de ſa ſource, ou parce qu'il ſe plongeoit

G v

Strab. lib.
1.
Euſtath. in
Hom.
Odyſſ. δ'.

Plaut.
Trin. Act.
4. ſc. 2.

sous la terre en quelques endroits. Quoy que les Egyptiens,
en disant que le Nil venoit du
ciel, puissent bien avoir parlé
en Physiciens pour exprimer sa
nature, ils ont aussi parlé en
Theologiens, voulant dire que
le Nil venoit du Paradis qui est
dans le ciel, & ne distinguant
pas celuy-là de celuy de la terre.
Les Brachmanes en disent autant
du Gange, & ils l'appellent *Riviere celeste*, comme on a appellé
le Nil, *Riviere venuë de Jupiter*:
& les Mahometans pour la mesme raison attribuent la mesme
origine à l'Oxus, qu'ils appellent
Gehon, au Tigre, & à l'Euphrate. Ils l'attribuent aussi au Jaxar-
te, qu'ils appellent Sichon : dont
je ne vois point d'autre raison,
que la proximité de ces fleuves
& de leurs branches, qui ont
fait croire à ces peuples, qu'ils

partoient d'une mesme source,
& partant que l'un ne pouvoit
venir du ciel, sans que l'autre en
vint aussi. Peut-estre ont-ils confondu ce Sichon avec un autre
fleuve du mesme nom, qui est
en Cilicie. C'est celuy que les
anciens geographes Grecs appellent Cydnus. Un autre fleuve de la mesme province, nommé Gehon, a contribué à leur
erreur. C'est le Pyramus des Anciens. Il passe par la ville d'A-
dana, dont j'ay parlé cy-devant.
Le nom d'Adana est le mesme
que celuy d'Eden. Il n'en a pas
fallu d'avantage pour persuader
à cette nation, que cét Eden estoit le lieu où estoit situé le Paradis, & que ces fleuves en
venoient. Abulfeda Geographe
Arabe a cru faussement que ces
deux rivieres se joignoient prés
d'Adana & entroient conjointe-

ment dans la mer. D'ailleurs ils avoient ouï parler d'une autre riviere de la mesme province, nommée Paradis. Pline l'a marquée, & quelques autres encore. Toutes ces idées confuses, jointes à la grossiereté des Mahometans, leur ont fait dire que la riviere de Sichon venoit du ciel.

On a confondu l'O-
xus avec le
Nil.

V. L'ignorance de la verité, n'a pas seulement rendu commun le nom de Gehon entre le Nil & l'Oxus, mais elle a encore rendu commune entre ces fleuves une des plus memorables avantures qui soient arrivées sur le Nil, je veux dire celle de Moyse, lors qu'il y fut exposé. Teixeira en rapporte une pareille de Darab, roy de Perse. Il dit que la reine sa mere fut forcée de l'exposer dans un berceau sur l'Oxus; qu'il en fut retiré par un homme, qui surpris de sa beauté, & touché de son infortune, le fit nourrir par sa femme, & qu'il parvint enfin à la royauté par son merite.

VI. Je viens à l'autre opinion, qui approche plus prés de la verité, prenant pour le Gehon le canal le plus occidental des deux, que font le Tigre & l'Euphrate joints ensemble, lors qu'ils se separent pour entrer dans la mer. C'est le sentiment des Docteurs de Louvain, de Scaliger, & de la plufpart des Interpretes modernes, qui tous en cela ont suivi Calvin. Leur principale raison est la mesme qu'ils ont euë de prendre le canal oriental pour le Phison. Car ayant posé cela, c'estoit une consequence de leur systeme, de dire que le Gehon estoit le canal occidental. Ils ont eû encore une autre raison particuliere, en prenant la province

Fondemens de l'opinion qui veut que le Gehon soit le canal le plus occidental, des deux qui partagent le Tigre & l'Euphrate joints ensemble. Lovan. in Gen. 2.13. Scalig. De emend. temp. lib. 5.

de Chus que ce fleuve arrose, pour l'Arabie, & n'en connoisſant point d'autre de ce nom, que l'Arabie & l'Ethiopie. En quoy je feray voir combien ils ſe ſont abuſez, ce qui ſuffiroit pour renverſer leur opinion.

Le Gehon eſt le canal oriental des deux qui diviſent l'aſſemblage de l'Euphrate & du Tigre.

VII. Mais c'en eſt un moyen bien plus ſeur, de montrer que le Gehon eſt le canal oriental des deux qui diviſent l'aſſemblage de l'Euphrate & du Tigre. Or comme du ſyſteme de ceux qui prennent le Phiſon pour le canal oriental, il s'enſuit que le Gehon eſt l'occidental; il s'enſuit auſſi du noſtre qui poſe le Phiſon pour le canal occidental, & Chavilah que le Phiſon arroſe, pour la premiere province que l'on trouve à l'occident de l'embouchure de l'Euphrate; il s'enſuit, dis-je, de ce ſyſteme que le Gehon eſt le canal oriental, &

que la province de Chus que le Gehon parcourt, eſt la premiere province que l'on trouve à l'Orient de l'embouchure de l'Euphrate.

VIII. Ce canal partant de l'Euphrate, comme le Phiſon, & tombant dans la meſme mer, eſt ſujet aux meſmes accroiſſemens, & aux meſmes debordemens, mais non toutefois ſi grands, parce que ſes rives ne ſont pas ſi baſſes. Ces debordemens luy ont fait donner le nom de Gehon, ou, comme l'écrivent & le prononcent les Ebreux, Gichon; du verbe גיח *guach*, qui ſignifie *s'écouler*. Ce petit courant d'eau, qui eſtoit proche de Jeruſalem, a eu le meſme nom pour la méſme cauſe, parce qu'il arroſoit les Jardins voiſins. On l'appelloit autrement Siloë, שלוח. L'Evangile expoſe ce mot par celuy

L'origine du mot Gehon ſert à le prouver.

Joh. 9. 7.

d'ἀπεσαλμένος, שִׁלוּחַ *Schaluach*, c'est-à-dire, *envoyé, échappé, détourné, conduit* pour arroser les terres. De là vient que lorsque le Paraphraste Jonathan a trouvé le mot *Gehon* dans le texte Ebreu du premier livre des Rois, il l'a traduit par le mot *Siloa*. Je ne m'amuseray point à rapporter toutes les autres étymologies de ce mot, que les Peres, les Interpretes, & les Rabbins ont imaginées. Je m'arresteray seulement à celle que propose Josephe. Il explique Gehon, τὸν ἀπὸ τῆς ἀναβολῆς ἀναδιδόμενον, *qui est produit, qui s'écoule de l'Orient.* Il ajouste que c'est le Nil, suivant l'erreur des Anciens, qui confondoient les Indes & l'Ethiopie, & les croyoient ainsi que la source du Nil, à l'Orient d'Egypte. Il a fait voir en cét endroit, comme en beaucoup d'autres, que pour eſtre Juif, il n'en eſtoit pas plus ſavant en Ebreu. Car il dérive le mot γεών, du verbe נָגַהּ *nagah*, qui ſignifie *luire, éclatter*; d'où vient נֹגַהּ *Nogah, Lucifer, l'étoile du matin*; & נָגְהִי *noghi, la lumiere du jour*; & גִּיהַּ *giah, l'éclat, la ſplendeur*; & le Syriaque מַגֲהָא *magaha, l'Aurore, le matin*. Et de גִּיחַ *giah* Joſephe a cru que ſe formoit le mot גִּיחוֹן *Gihon*, ne ſachant pas que le mot Ebreu eſt גִּיחוֹן *gichon*, & non pas גִּיהוֹן *gihon*; ou s'il le ſavoit, ne ſachant pas que גִּיחוֹן *gichon* a une origine plus naturelle & moins forcée. Quoy qu'il en ſoit, ſi cette origine a lieu, elle confirmera mon opinion, & marquera la ſituation de ce canal du coſté du Levant, à l'égard du Phiſon qui eſt du coſté du Ponant.

IX. J'ay déja dit que Moyſe *Pourquoy Moyſe à*

moins appo-
sé de mar-
ques au Ge-
hon qu'au
Phison: &
pourquoy
l'on a cru
que le Nil
sortoit de
l'Euphrate.

a moins apposé de marques au
Gehon qu'au Phison, parce que
ce dernier estant connu, la situation des autres suffiroit seule
pour les faire connoistre. Car le
Phison se rencontrant le premier
à l'égard de l'Arabie Pierreuse,
où Moyse écrivoit, le second qui
estoit le Gehon, ne pouvoit estre autre que celuy qu'on trouvoit ensuite, savoir le canal oriental des deux qui divisent l'Euphrate : car de l'aller chercher
plus loin, c'eust esté contrevenir
aux paroles de Moyse, qui marquent expressément que ce fleuve estoit joint aux trois autres
dans le Paradis. On en estoit si
bien persuadé, que rien, à mon
avis, n'a plus contribué à faire
croire que le Nil sortoit de l'Euphrate, comme Pausanias & Phi-
lostrate nous assurent qu'on le
croyoit, que l'opinion où l'on es-

Pausan.
Corinth.
Philostr.
vit. Apoll.

toit que le Gehon eſtoit le Nil ; lib. 1. cap.
& que d'ailleurs il paſſoit pour 14.
conſtant, que le Gehon eſtoit un
bras de l'Euphrate. Peut-eſtre
le Gehon auroit-il eſté plus re-
connoiſſable par les veſtiges de
ſon nom, ſi la poſterité les avoit
conſervées : mais il eſt demeuré
obſcurci ſous les noms de Phiſon & de Paſitigre, qui ſe ſont
étendus, & l'ont enveloppé, comme je l'ay montré.

CHAPITRE XIII.

Continuation de l'explication du treiziéme Verset.

I. Le nom de Chus se donne à l'Ethiopie, à l'Arabie, & à la Susiane. Il s'agit icy de la derniere, II. qui est nommée Cutha dans l'Ecriture, & aujourd'huy Chuzestan. III. On trouve des traces du nom de Chus dans les noms des Cosséens, & des Cissiens peuples de la Susiane. IV. Pourquoy l'on a dit que Memnon estoit Ethiopien. V. De la Statuë de Memnon qu'on dit qui parloit, quand elle estoit éclairée du Soleil levant. VI. Verité de l'histoire de Memnon, VII confirmée par le témoignage de quelques Anciens.

Le nom de Chus se donne à l'Ethiopie, à l'Arabie, & à la Susiane. Il s'agit icy de la derniere.

I. **V**Erset 13. *C'est celuy qui tournoye dans toute la ter-re de Chus.* Voilà la principale marque que Moyse nous ait don-née pour reconnoistre le Gehon : mais cette marque estant univo-que, elle nous tient lieu de mille autres. Pour le faire voir, il faut expliquer ce que c'est que *Chus.*

Je trouve trois provinces de ce
nom, l'Ethiopie, l'Arabie, & la
Sufiane. Ces deux premieres ont
partagé le nom de *Chus*, qui eſt
un mot general, qui comprend
les païs qui ſont des deux coſtez
du Golphe Arabique, qu'on appelle ordinairement La mer Rouge. M. Bochart dans ſon Phaleg a prétendu que l'Ethiopie
n'eſt nommée *Chus* en aucun lieu
de l'Ecriture : mais je crois a-
voir prouvé inconteſtablement
le contraire dans mes Obſervations ſur Origene. Cette region
de Chus ou d'Ethiopie eſtoit
donc partagée en deux liſieres,
le long des deux coſtez du Golphe Arabique, & meſme au-delà
de ſon embouchure, nommée
aujourd'huy Babelmandel : la liſiere orientale, qui faiſoit une
partie de la grande peninſule de
l'Arabie ; l'occidentale, qui eſt

Boch. Phal.
lib. 4. cap.
2.

Homer.
Odyſſ. α'.
Herod.
Polymn.
cap. 69,70.

entre ce Golphe & le Nil. Homere, Herodote, & quelques autres, ont partagé de cette ſorte les Ethiopiens habitans de cette contrée & voiſins d'Egypte, en orientaux & occidentaux ; & Euſtathius nous apprend que les Anciens ont ainſi entendu les paroles d'Homere. De là vient que les Homerites, peuples de l'Arabie, ſituez ſur la coſte meridionale, ſont appellez Ethiopiens par le geographe Stephanus. Et Holſtenius, tout habile qu'il eſtoit, faute d'avoir ſeu cela, s'eſt mépris bien groſſierement, en changeant les paroles de Stephanus, & mettant ἀράβων, au lieu d'αἰθιόπων : ſelon la loüable coûtume des Critiques, d'alterer dans les ouvrages des Anciens tout ce qu'ils n'entendent pas. La partie de la province de Chus, qui eſt du coſté de l'Arabie, ne

Steph. in
Ὁμηρίται.

s'éloignoit pas beaucoup du Golphe, & de la mer qui eſt au-delà
de l'embouchure du Golphe, &
eſtoit veritablement une liſiere ;
& ce ſeroit temerairement qu'on
voudroit l'étendre juſqu'au coſté
oriental de l'Arabie, & à l'embouchure occidentale de l'Euphrate, pour donner quelque
couleur à l'opinion qui prend
cette embouchure pour le Gehon. On n'a jamais étendu juſ-
ques-là les bornes de la Chus
Arabique, & c'eſt une preuve
déciſive contre cette opinion
qu'on a euë du Gehon : comme
au contraire ſi je prouve que la
Suſiane a porté ce nom, & le
porte encore aujourd'huy, ce ſera
une preuve invincible que le Gehon eſt l'embouchure orientale
de l'Euphrate.

II. Toutes les relations des
Voyageurs nous apprennent que

ture, & au-
jourd'huy
Chuzeftan.

la Sufiane s'appelle aujourd'huy *Chuzeftan*, nom compofé de ce-luy de *Chus* & de la terminaifon Perfique. Benjamin Navarrois dit que la grande province d'E-lam, dont Sufe eft la Capitale, & que le Tigre arrofe, s'appelle ainfi. Cette province d'Elam eft l'Elymaïde, qui s'étend jufques fur la cofte du Golphe Perfique, à l'Orient de l'embouchure de l'Euphrate. Le Geographe de Nubie & d'autres Arabes l'ap-pellent *Chureftan :* mais la faute eft venuë apparemment des co-piftes, qui n'ont pas diftingué la lettre *r* & la lettre *z* des Ara-bes, qui ne different que d'un point. Les habitans du païs l'ap-pellent mefme fimplement *Chus*,

Mar. Nig.
Comm. 5.
4. Reg. 17.
24.

fi nous en croyons Marius Niger. Cette mefme region s'appelle *Cutha*, dans le livre des Rois, felon la diverfité des dialectes:

&

& c'eſt de là en partie, que Salmanaſar tranſporta une colonie,
qui alla occuper la place des habitans de Samarie, & des dix
Tribus, qu'il avoit fait paſſer
ailleurs. Cette nouvelle peupla-
de, connuë dans la ſuite ſous le
nom de Samaritains, retint auſſi
le nom de ſon origine, & fut appellée Les Cuthéens. Scaliger,
avec tout ſon grand ſavoir, s'eſt
bien lourdement trompé, quand
il a dit que les Samaritains ont
eſté nommez Cuthéens d'une
ville de la Colchide, nommée
Cytæa, où Salmanaſar tranſporta les dix Tribus. Les Samaritains furent nommez Cuthéens,
de la province de Cutha, d'où ils
venoient; & les dix Tribus ne
furent point tranſportées dans la
Colchide, mais dans l'Aſſyrie:
& quand elles auroient eſté tranſportées dans la Colchide, il eſt

H

Scalig. in
Propert.
lib. 1.
Eleg. 1.

ridicule de penser que les Samaritains ayent pris leur dénomina-
tion d'une ville d'où ils ne vin-
rent point, & où ils ne demeurerent point ; mais seulement parce que les dix Tribus, dont ils
prirent la place, y demeurerent.
Je ne sçais pas où Josephe a trouvé ce fleuve Cuthus, qu'il dit
estre l'origine du nom *Cutha*, qui
a esté donné à cette province de
Perse. Le mot *Cutha*, ou *Cuth*
s'est formé de celuy de *Chus*,
dont les Chaldéens changent
souvent la derniere lettre en *t*
ou *th*, en luy donnant un son plus
dur & moins sifflant, comme
Dion l'a remarqué. Ainsi ils ont
dit *Thor* pour *Sor* ; *Atyrie*, pour
Assyrie. Il ne faut pas croire cependant ce que quelques-uns ont
pensé, que le nom de la ville de
Suse, qui estoit la capitale de ce
païs, vienne de Chus. Elle a tiré

son nom des lys, que son terroir porte en abondance ; & le lys s'appelle שושן *Susan* en langue Ebraique. Les Grecs n'ont pas ignoré cette origine, & plusieurs d'entre eux l'ont marquée.

III. On trouve encore beaucoup d'autres traces du mot de *Chus* dans la Susiane. On y trouve les Cosséens, voisins des Uxiens, selon la position de Pline, de Ptolomée, & d'Arrien. Schickard s'est abusé, quand il a cru que ces Cosséens avoient donné le nom à la province de Chuzestan. Le nom de *Chuzestan*, & celuy des *Cosséens* viennent d'une mesme source, à savoir de *Chus*, & non pas l'un de l'autre. Le nom de la Cissie & des Cissiens en vient aussi. C'estoit une petite province de la Susiane, qui a donné son nom à tous les Susiens. Le Poëte Eschyle parle aussi d'u-

H ij

On trouve des traces du nom de Chus, *dans les noms des* Cosséens *& des* Cissiens, *peuples de la Susiane.* Plin. l. 6. cap. 27. Ptolem. lib. 6. cap. 3. Tabul. 5. Asiæ. Arrian. Expedit. Alex. lib. 7. Schickard. in Tarich. reg. Pers. Æschyl. Pers. &

Choëph. &
apud Strab.
lib. 5.

ne ville de ce nom située dans le mesme païs. Et ce qui est remarquable, il la distingue par son antiquité. Il appelle aussi Cissienne la mere de Memnon, c'est-à-dire, l'Aurore. Memnon estoit fils de Tithon & de l'Aurore. Tithon estoit frere de Priam roy de Troye; & on luy a attribué la fondation de la ville de Suse, capitale de la Susiane. Du nom de Memnon son fils, la citadelle a esté nommée Memnonium; le palais & les murs, Memnoniens; & Suse mesme, la ville de Memnon, pour la veneration qu'on y avoit pour luy. C'est ce Memnon qui vint au secours des Troyens, dont il tiroit son origine, & qui fut tué par Achille. Quand les Grecs ont feint qu'il estoit fils de l'Aurore, ils ont voulu faire entendre qu'il venoit de l'Orient: suivant une expreſſion ordinaire de la langue Ebraique, & familiere aux Prophetes, qui appellent les Orientaux, *fils de l'Orient.* Car ces païs que parcouroit l'Euphrate vers ſon embouchure s'appelloient proprement l'Orient. Pluſieurs Interpretes prétendent que c'eſt dans ce meſme ſens qu'Iſaie a appellé Nabuchodonoſor, ou Balthaſar, *Lucifer, fils de l'Aurore.*

Luc. 14. 12.

IV. Je ſçais bien que la pluſpart des Auteurs anciens ont dit que Memnon eſtoit Ethiopien. Leur erreur eſt une ſuite de celle qui a fait confondre le Chus qui ſignifie la Suſiane, avec le Chus qui ſignifie les païs ſituez ſur les bords du Golphe Arabique, je veux dire l'Ethiopie & l'Arabie; & le Gehon avec le Nil. C'eſt ainſi qu'une erreur en attire une autre, & que quand on a quitté

Pourquoy l'on a dit que Memnon eſtoit Ethiopien.

le droit chemin, tous les pas
qu'on fait font des égaremens.
Les Egyptiens & les Ethiopiens
n'eurent pas de peine à adopter
ce Heros, & crurent qu'il leur
feroit honorable d'avoir pour
compatriote un perſonnage ſi il-
luſtre. Mais n'en trouvant rien
dans leurs archives, ni dans
leurs hiſtoires, ils attribuerent
ſa perſonne, ſon nom, & ſes
actions à celuy de leurs rois,
dont la vie avoit plus de rapport
avec la ſienne. Amenophis leur
ſembla propre à jouër ce perſonnage, quoy que bien plus ancien
que la guerre de Troye. Il avoit
fait la guerre dans l'Aſie, il avoit
eſté en Phrygie, & avoit demeuré à Suſe. Cette convenance, &
quelque rapport entre les noms
de Memnon, & d'Amenophis,
leur parut un fondement ſuffi-
ſant pour pouvoir dire qu'ils eſ-

toient le mesme. Ils luy baſtirent des temples en divers lieux, & principalement dans la grande ville de Thebes; ils luy firent des ſacrifices, & luy rendirent des honneurs divins. Ils montroient dans cette ville & dans d'autres endroits, des palais qu'ils nommoient Memnoniens, comme on en montroit à Suſe. Et ce fut là qu'ils luy erigerent cette merveilleuſe ſtatuë, qui rendoit un ſon guay & éclattant, quand elle eſtoit frappée des rayons du Soleil levant; & qui ſembloit ſe plaindre & répandre des larmes, quand la nuit approchoit. Pluſieurs ont cru qu'elle avoit eſté faite en l'honneur d'Amenophis ou de Seſoſtris. Le Rabbin Benjamin rapporte une choſe dans la Relation de ſon voyage, qui me détermine à croire que les Ethiopiens firent cette ſtatuë à

l'imitation des Suſiens. Il dit
qu'il partit du Catif, & vint en
ſept jours à Haoula. Quelques ſa-
vans hommes tiennent qu'Haoula eſt l'iſle de Ceilan, contre toute apparence, puiſqu'il n'auroit
pû faire ce chemin en ſept jours.
Il ajoûte qu'elle eſt ſituée à l'entrée de ce païs, où les deſcendans
de Chus adorent le Soleil ; qu'ils
ont ſur leurs autels des cercles,
ou des globes ſemblables à celuy du Soleil, & qu'au lever de
cét aſtre ces globes ſe tournent
avec grand bruit. Je juge par ce
recit, que ces peuples eſtoient
des Suſiens, ou de leurs deſcendans, & qu'ils avoient appris
d'eux l'art de dreſſer de ces ima-
ges ſolaires, qui eſtoient des eſ-
peces de Taliſmans, que quelques-uns ſe font perſuadé eſtre
ce que l'Ecriture appelle חַמָּנִים
Chammanim : & on ne peut pas

douter que celle de Memnon ne
fuſt de ce genre.

V. Perſonne n'ignore en qu'elle veneration le Soleil a eſté parmi les Perſes, les Aſſyriens, les
Babyloniens, & particulierement
les Sabiens, dont j'ay parlé ailleurs. Ce peuple avoit couſtume
de forger des ſtatuës à l'honneur du Soleil, & des autres Pla-
netes. Ils croyoient que les Aſ-
tres leur communiquoient par
leurs influences la faculté d'entendre, de parler, & de faire
connoiſtre l'avenir aux hommes.
Leur nom de *Sabiens* ſignifie en
Arabe *Orientaux*. Cela ſe prouve de ce que leur livre de l'Agri-
culture, que les Rabbins citent
ſous le nom de *Livre oriental*,
eſtoit intitulé העבודה הנבטיה
Hahaboda Hannabathiia, l'*Agri-
culture Nabatheenne*, c'eſt à dire O-
rientale, témoin ce vers d'Ovide,

De la ſta-
tuë de
Memmon,
qu'on dit
qui parloit,
quand elle
eſtoit éclai-
rée du So-
leil levant.

H v

Eurus ad Auroram; Nabathæaque
regna receſſit.

Les Sabiens s'appelloient Orientaux, parce que tout ce païs qui
eſt entre le Golphe Perſique &
la Judée, s'appelloit l'Orient,
comme je l'ay déja dit. Ils habitoient au commencement dans la
Chaldée, & leurs livres portent
qu'Abraham Chaldéen d'origine, fut perſecuté par un de leurs
rois, pour s'eſtre oppoſé à la
religion receuë, & avoir refuſé
d'adorer le Soleil. Ils habiterent
auſſi plus bas le long de l'Euphrate, où ils ont laiſſé des traces de leur nom : car on appelle encore aujourd'huy *Sabbi* les
Chreſtiens de ſaint Jean, qui demeurent aux environs de la ville
de Baſſora, qui fut baſtie la ſe-
conde année de l'Hegire, par
Omar, ſecond Caliphe, & qui
eſt à peu prés à deux journées

au-deſſous de la jonction du Tigre & de l'Euphrate, à pareille
diſtance de la mer, & à trente
degrez & demi d'élevation. Les
Sabiens ſe répandirent enſuite
dans tout l'Orient, & leur nom
devint enfin un nom de ſecte,
plûtoſt que de nation; & cette
ſecte eſtoit toûjours la meſme
que celle des anciens Chaldéens.
Le ſavant Rabbin Moyſe fils de
Maïmon, voulant dire qu'Abraham avoit eſté élevé dans le païs
des Sabiens, dit qu'il avoit eſté
élevé dans le païs de Cutha,
c'eſt-à-dire dans le païs de Chus,
qui eſt la Suſiane. Que ſi parce
que les Ethiopiens ont auſſi adoré le Soleil, on vouloit leur ap-
pliquer les paroles de Benjamin,
la diſtance des lieux y repugne-
roit; car comment auroit-il pû
aller en ſept jours du Catif en
Ethiopie? Outre que la ſuite de

fa narration fait voir qu'il alloit vers l'Orient, & l'Ethiopie eft à l'Occident. Strabon, qui eftoit homme de bon fens & de bonne foy, ayant penetré jufqu'à Thebes d'Egypte à la fuite d'Ælius Gallus, vit & entendit cette ftatuë au lever du Soleil. Il n'ofe pourtant affurer que quelqu'un des affiftans ne contrefit pas ce fon, pour l'honneur de fa patrie. Germanicus la vit auffi. Pline dit qu'elle eftoit faite d'une pierre nommée Bafalte par les Egyptiens, à caufe qu'elle a la couleur & la dureté du fer. Ce terme eft dérivé fans doute de l'Ebreu בַּרְזֶל *barzel*, qui fignifie *du fer :* car la langue Egyptienne a eu quelque affinité avec l'Ebraïque.

VI. Ce qu'on doit penfer de plus probable touchant l'expedition de Memnon, fe peut re-

cueillir de Diodore, & de quelques autres. Le royaume de
Troade eſtoit dans la dependan-
ce de l'empire d'Aſſyrie. Tithon
frere de Priam qui poſſedoit ce
royaume, alla à la cour du roy
d'Aſſyrie, qui luy donna le gou-
vernement de la Suſiane. Il s'y
maria eſtant déja vieux; & parce que ſa femme eſtoit d'un païs
ſitué à l'Orient de la Grece & de
la Troade, les Grecs qui tournoient toute l'hiſtoire en fictions,
dirent qu'il avoit épouſé l'Aurore. Memnon & Emathion for-
tirent de ce mariage. La guerre
de Troye eſtant enſuite ſurve-
nuë, Priam demanda du ſecours
à Teutamus roy d'Aſſyrie. Il luy
accorda vingt mille hommes, &
deux cens chariots de guerre.
Diodore dit que ce ſecours eſtoit
compoſé de dix mille Ethiopiens,
& de dix mille Suſiens, revenant

Diodor.
lib. 2. & 4.

à l'erreur vulgaire, & confondant le Chus d'Ethiopie avec le
Chus de la Suſiane. Pour rendre
ce ſecours plus utile, Teutamus
en donna le commandement à
Memnon, jeune prince de race
Troyenne, & qui par cette raiſon s'intereſſoit à la conſerva-
tion de Troye. Il retint Tithon
auprés de luy, à cauſe de ſa pru-
dence qui le luy rendoit neceſ-
ſaire dans ſes conſeils, & à cauſe de ſon âge trop avancé pour
cette expedition. Memnon trouva de la réſiſtance dans ſa route.
Les Solymes entre autres, qui
depuis ont eſté nommez Piſi-
diens, voulurent luy diſputer le
paſſage, mais il les defit, & tout
ce qui s'oppoſa à luy. Il nettoya
tous les paſſages, il repara les
chemins, & merita par cette longue & dangereuſe marche, que
ce chemin portaſt ſon nom, &

fuſt appellé Memnonien. Il ſou-
tint devant Troye les efforts des
Grecs avec beaucoup de valeur :
mais il fut enfin tué par Achille. On parle fort diverſement
du lieu de ſa ſepulture : car ſans
rien dire de Philoſtrate, qui veut
qu'il n'ait point eu de ſepulcre,
& qu'il fut changé en cette pierre miraculeuſe, la Troade, la
Phenicie, & la Suſiane le diſ-
putent ; & ſur tout l'Ethiopie :
quoy qu'elle n'ait point d'autre
droit à ſa ſepulture, non plus
qu'à ſa naiſſance, que celuy que
luy donne l'équivoque du mot
de *Chus*.

VII. Mais malgré l'obſcurité
que cette équivoque a jettée
dans cette hiſtoire, Philoſtrate,
George Syncelle, c'eſt-à-dire,
Coadjuteur de l'Egliſe de Conſ-
tantinople, & Suidas qui avoit
leu & copié de bons Auteurs,

Philoſtr. Imag. lib. 1.

confirmée par le té-moignage de quelques Anciens. Philoſtr. vit. Apoll. lib. 6. cap. 3.&Heroic. Georg.

quoy que souvent peu judicieu-
sement, n'ont pas laissé de rendre témoignage à la verité; le
premier, en disant que Memnon
l'Ethiopien, c'est-à-dire Amenophis, n'est jamais venu à Troye,
& qu'on l'a confondu mal à propos avec Memnon le Troyen;
& ne comprenant pas comment
Memnon auroit pû amener un
secours de si loin aux Troyens,
ni mesme par qu'elle avanture
Tithon se seroit allé établir en
Ethiopie, & s'en seroit fait roy:
le second, en distinguant exactement Amenophis roy de Thebes
d'Egypte, qui est aussi appellé
Memnon, & la Pierre parlante,
de Memnon fils de Tithon, qu'il
met au nombre des rois d'Assyrie: & Suidas, en assurant que
Memnon n'estoit point Ethiopien, mais Susien. Pausanias,
quoy que d'un esprit fort pene-

trant, n'a débroüillé qu'à demi
cette confusion, disant que Memnon Ethiopien ne vint pas d'E-
thiopie à Troye, mais de Suse.
Eustathius, & le Scholiaste de
Pindare, qui porte le nom de
Triclinius, écrivent que Memnon & Emathion son frere, estoient seuls blancs au milieu de
ces Ethiopiens, quoy que Virgile & les autres fassent Memnon noir. Cette remarque confir-
me ma pensée : car encore que
les Poëtes & les Romanciers se
soient donné la liberté de feindre qu'Andromede & Chariclée
estoient nées blanches parmi des
noirs, neantmoins cela est si singulier dans le cours ordinaire de
la nature, qu'il y a bien plus de
raison de croire que Memnon
estoit blanc, parce qu'en effet il
n'estoit point Ethiopien.

Eustath. in Dionys. Perieg. vers. 248. Schol. Triclin. adscrip. in Pind. Olymp. Od. 2. Virgil. Æneid. lib. 1.

CHAPITRE XIV.

Explication du quatorziéme Verset.

I. Chiddekel, Diglath, & Tigre, font le mefme nom, & le mefme fleuve. II. Vaines conjectures des Anciens fur l'origine du nom de la riviere de Tigre. III. Veritable origine de ce nom. IV. Le Chiddekel n'eft point le Naharmalca.

Chiddekel, Diglath, & Tigre, font le mef-me nom, & le mefme fleuve.

I. CE fleuve fe rencontre le troifiéme dans l'ordre que Moyfe s'eftoit prefcrit, & qui convenoit à fa fituation, lors qu'il faifoit cette defcription. Cét ordre & le nom que le fleuve porte encore aujourd'huy, le font affez diftinguer ; car le nom de *Chiddekel* que Moyfe luy donne, celuy de *Tigre* que luy donnent les Européens, & celuy de *Diglath* qu'on luy donne dans le Levant, font la mefme chofe.

Cela surprendra ceux qui n'entendent pas l'art des etymologies : art absolument necessaire dans l'usage des belles lettres, qui demande beaucoup d'erudition, & dont Quintilien recommande expressément l'étude. Je dis donc que de l'Ebreu חִדֶּקֶל *Chiddekel* s'est formé le mot *Tigris* : & voicy comment. La premiere lettre, qui est une forte aspiration est tombée ; comme au mot *Chaboras*, qui est le nom d'un fleuve de Mesopotamie, dont parle Ptolemée, que Strabon appelle Aborras ; comme au mot de *Cham*, qui est le nom du plus jeune des enfans de Noë, d'où s'est formé le nom Egyptien *Ammun*, & le grec *Ammon*, que l'on a donné à Jupiter ; & comme au mot Grec χλαῖνα, d'où les Latins ont fait celuy de *lena*. Cette aspiration estant donc os-

Quintil. lib. 1. cap. 4. & 6.

Ptolem. lib. 5. cap. 18. Strab. lib. 16.

tée du mot *Chiddekel*, il reſte
dekel, dont le *d* s'eſt changé en
t, ce qui arrive ſouvent, comme
entre lettres de meſme inſtru-
ment. Ainſi on a fait *Azotus*,
du mot Ebreu אשדוד *Aſdod*; *iota*
de יוד *iod*; *artaba*, du Syriaque
ardab; *Atergatis* de *Derceto*; *te-
nebræ* de δνοφερόν. Le *k* de *Dekel*
s'eſt changé en *g*; comme de
אכבר *Acbar*, s'eſt fait *Agbarus*;
de *Derceto*, *Atergatis*, que je viens
d'alleguer; d'*Acragas*, *Agrigen-
tum*; de *Caïus* & *Cneïus*, *Gaïus*
& *Gneïus*; de *curculio*, *gurgulio*.
La derniere lettre de *Dekel* a
produit une *r*; comme de l'E-
breu *Belial*, les Grecs ont fait
Βελιάρ· comme du Chaldéen *Sar-
bal*, ils ont fait *Sarabara*; comme l'on a appellé indifferemment le Borax, *Tincal* & *Tincar*.
Et ce vers ancien de la comedie
Grecque,

Ὀλᾷς θέωλος τὴν κεφαλὴν κόλα- Ariftoph.
κος ἔχι. Vefp.

ait affez voir l'affinité de l'*l*, &
le l'*r*. Ces permutations de let-
res font les portes de communication par où les mots originaux
& les derivez entretiennent leurs
correfpondances. Oftant donc
l'afpiration du mot *Chiddekel*,
celuy de *dekel* eft demeuré que
les Syriens ont travefti en *Diklat*;
Iofephe & les Paraphraftes Chaldéens, les Arabes, & les Perfes
en *Diglath*; d'autres orientaux
modernes en *Degil* & *Degela*;
Pline, ou ceux qui l'avoient inf-
truit, en *Diglito*; & les Grecs,
qui donnoient à tous les noms
étrangers l'inflexion & le tour de
leur langue, en *Tigris*.

II. Cela fait voir évidemment *Vaines con-*
combien font vaines les conje- *jectures des*
&tures des Anciens fur l'origine *Anciens fur*
du mot de *Tigre*. Les uns ont cru *l'origine du nom de la*

que ce fleuve eſtoit ainſi nommé à cauſe de la viteſſe de ſon cours, pareille à celle de l'animal du meſme nom. D'autres tirent le nom du fleuve & de l'animal de celuy de la fleche, qui s'appelle *Tigris*, diſent-ils, chez les Armeniens, chez les Medes, & chez les Perſes. Nous pourrions parler avec aſſurance de cette origine, ſi la connoiſſance de l'ancienne langue Perſique eſtoit venuë juſqu'à nous. Il en a paſſé pluſieurs mots dans celle d'aujourd'huy, & je ne ſçais ſi le mot ‘ تِيْر *Tojor* ne ſeroit point de ce nombre. Il ſignifie *une fleche*. Cette origine n'eſt pas hors de vray-ſemblance, car on ne pouvoit mieux comparer qu'à une fleche, le Tigre le plus leger de tous les animaux, & le Tigre le plus viſte de tous les fleuves. Il ſemble que les Anciens ayent

affecté d'exprimer la rapidité de
ce fleuve par les termes d'ὀξύτης,
& d'ὀξὺς, qui signifie *pointu &*
leger; comme pour marquer l'o-
rigine du mot *Tigris,* tiré de la
fleche, qui est viste & pointuë.
C'est dans cette mesme veuë que
Diodore a comparé le Nil à une
fleche, à cause de sa rapidité.
Ainsi le fleuve de Sicile Acis, a
eu ce nom, qui signifie *la pointe*
d'une fleche, à cause de la lege-
reté de sa course. Il semble encore que la mesme cause a fait
donner au Tigre le nom de *Sol-*
lax, ou *Sulax,* qui est marqué
par quelques Auteurs, & qu'ils
expliquent καταφερὴς, c'est-à-
dire, *qui se porte en bas avec pré-*
cipitation. Ce mot, selon ma con-
jecture, vient de la mesme source que celuy du torrent de Siloë;
je veux dire de שִׁלוֹחַ c'est-à-dire
chassé, envoyé, poussé comme un

Diodor.
lib. 1.

trait; car le mot שלח, qui a la mesme origine, signifie un *trait.* Le mot Arabe تَيَّارٌ *Taijaron,* qui approche assez du Persan *Tojor,* que je viens de rapporter, à une signification qui convient à nostre sujet. Il signifie *un courant d'eau,* il signifie encore, *qui coule avec rapidité :* ce qui quadre assez à la nature du Tigre. L'erreur de Pline, & celle de son abbreviateur Solin, est remarquable sur toutes les autres, quand ils disent que le Tigre s'appelle *Diglito* dans le commencement de sa course, lors qu'elle est encore lente, mais que quand elle devient plus legere, il s'appelle *Tigre.* Il s'appelle *Tigre* dés sa source, comme l'assure Strabon; & les noms de *Tigre,* & de *Digli-to* ne font qu'une mesme chose.

III. Je dis encore que toutes ces conjectures sont vaines. Il faut

faut chercher la veritable racine
du mot *Tigris* dans le mot Ebreu
Chiddekel ; & ce nom est com-
posé des deux mots Ebreux חַדָּה
chadda, *aigu*, derivé du verbe
חָדַד *chadad*, *estre aigu*, & de
קַל *viste*, *leger*, derivé du verbe קָלַל, *kalal*, *estre viste & le-*
ger. Et c'est plûtost à cette origine qu'à toute autre, que les
Grecs semblent avoir eû égard,
quand ils ont exprimé la rapidité de ce fleuve par le mot ὀξύτης.
Josephe la reconnuë en partie, Joseph.
quand il a dit, Διγλάθ, ἐξ οὗ Antiq. lib.
φεάζεται τὸ μετὰ ϛενότητος ὀξύ. Il I. cap. 2.
faut corriger ce passage, & lire, ὃ
ἐκφεάζεται. c'est-à-dire, *Diglath*,
qui s'explique, *étroit & leger*.
Mais il ne faut pas attendre de Josephe une parfaite connoissance
de la langue Ebraique. Les Rabbins ont parlé plus exactement
que Josephe, & ont rapporté ce
I

Mof. Barc. de Parad. cap. 18.

mot à fa veritable fource. Celle que propofe Moyfe Barcepha, n'eſt pas méprifable : il veut que *Chiddekel* vienne du Chaldéen דְּקַל, *dekal* qui fignifie, *bouillir*. Et peut-eſtre y faut-il rapporter le paſſage de Hefychius, τίγρης, ὁ τῦ ποταμοῦ ῥοῖζος· c'eſt-à-dire que le mot de *Tigre*, fignifie le bruit que fait l'impetuofité d'un fleuve. D'autres fleuves que ce-luy-cy ont porté le nom de *Ti-gre*, & probablement pour la mefme caufe.

Le Chid-dekel n'eſt point le Naharmal-ca.

IV. C'eſt donc inutilement que des gens habiles, mais en-teſtez, ne pouvant accommoder leurs préjugez à l'état des cho-fes, rafchent d'accommoder les chofes à leurs préjugez. Ils ont voulu que ce que Moyfe appelle icy *Chiddekel*, foit le Naharmal-ca, l'un des canaux par où l'Eu-phrate fe joint au Tigre : canal

fait à la main long-temps aprés
Moyse. Outre que le niveau des
eaux de l'Euphrate, fort élevé
au-deſſus du niveau des eaux du
Tigre, comme je l'ay fait voir,
prouve que ces canaux naturels
ou artificiels, n'eſtant que des
écoulemens de l'Euphrate, ne
peuvent avoir paſſé pour le Tigre; & qu'on ne doit pas pré-
tendre de nous perſuader ſans
preuves, que le Tigre n'eſt pas
le Tigre.

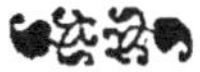

CHAPITRE XV.

Continuation de l'explication du quatorziéme Verset.

I. *Le mot Ebreu* קִדְמַת *Kidmath, en cét endroit ne peut signifier à l'Orient.* II. *En quel sens il faut entendre que le Tigre va vers l'Assyrie.*

Le mot Ebreu קִדְמַת *Kidmath, en cét endroit ne peut signifier à l'Orient.*

I. Verset 14. *C'est celuy qui va vers l'Assyrie.* Il y a deux avis sur ce passage. Le mot קִדְמַת Kidmath, en est le sujet. Les uns veulent que ce soit une préposition, qui signifie *vers, du costé.* Les autres veulent que ce soit un adverbe de lieu ; qui signifie *à l'Orient.* Les Septante, presque tous ceux qui ont suivi leur version, & saint Jerosme dans la Vulgate, sont pour le premier avis. Les Paraphrastes Chaldéens, la pluspart des Rab-

bins & des Ebraïzans, font pour
le fecond. Les Commentateurs
modernes ont pris parti felon
leurs veuës. Cette diverfité m'é-
tonne : car fi l'on avoit fait re-
flexion fur la fituation de l'Affyrie, & fur le cours du Tigre,
la difficulté feroit aifée à lever.
Le mot d'Affyrie fe peut entendre en deux manieres, ou dans
un fens étroit, ou dans un fens
plus étendu. Dans le fens étroit,
l'Affyrie eftoit une province affez bornée, dont Ninive eftoit
la capitale : & c'eft cette province qui a depuis efté nommée
Adiabene. Dans le fens plus é-
tendu l'Affyrie renfermoit plufieurs grandes provinces, qui eftoient fujettes aux rois d'Affyrie, & qui compofoient fon empire. Il eft arrivé à cét état,
comme à la France, que la plus
ancienne partie de l'empire a

donné le nom aux autres, qui luy ont esté jointes dans la suite. En quelque sens qu'on prenne l'Assyrie, il est certain que le Tigre à son égard n'estoit point à l'Orient. Si ce n'est qu'on la prenne pour la Syrie, comme ont fait quelques Auteurs Grecs. Mais il faudroit estre bien ignorant dans l'histoire ancienne pour croire que Moyse l'eust prise dans ce sens ; puisque le nom de Syrie est bien plus recent, & s'est formé du nom Ebreu de Tyr, qui en estoit la capitale & la plus connuë aux Grecs : au lieu que le nom de l'Assyrie vient de l'Ebreu *Assur*. On peut dire veritablement que le Tigre traversoit l'Assyrie, quand on renferme sous le nom d'Assyrie, la Mesopotamie, la Syrie, & une partie de l'Arabie. Mais cette extension de ce nom s'est faite long-

temps aprés Moyſe, qui ne peut
avoir entendu ſous le nom d'Aſſyrie, qu'une fort petite portion
de terre aux environs de Ninive. C'eſt ce qu'on pourroit croire, que l'Interprete Arabe a voulu marquer, quand il a dit que
le Tigre va à l'Orient de Mauſal. Mauſal eſt une ville de Meſopotamie ſituée ſur les bords
du Tigre, vis à vis du lieu où
eſtoit l'ancienne Ninive : & il eſt
vray que le Tigre paſſe à l'Orient
de cette ville. Mais il s'eſt trompé quand il a mis Mauſal pour
Ninive ; car encore qu'on les con-
fonde preſque toûjours, neantmoins l'une eſtoit à l'Orient du
fleuve, & l'autre au Couchant.
Je ne vois donc pas ſur quelle
apparence on peut dire que le
Tigre va à l'Orient de l'Aſſyrie.

   II. Calvin a ſenti le poids de
cette objection, & pour l'éluder *En quel
ſens il faut
entendre*

que le Tigre
va vers
l'Assyrie.

il a traduit : *C'estuy-là vers l'O-rient & Assyrie*, contre la foy du texte Ebreu, où cette conjonction ne paroist point : non plus que les prépositions, que quelques-uns ont inserées en traduisant ainsi ; *à l'Orient, vers l'Assyrie*. Il en faut donc revenir à la version des Septante, & traduire, *qui va vers l'Assyrie*. Et il ne faut pas croire que Moyse ait dit que le Tigre va vers l'Assyrie par rapport à la source de ce fleuve, ou au cours de ses eaux, mais par rapport à la situation du Paradis terrestre, & à la disposition du lit du Tigre. Comme quand il a dit *qu'un fleuve sortoit d'Eden, pour arroser le Jardin, & delà il se divisoit & estoit en quatre testes*, il a eu les mesmes égards, & à la situation du Paradis, & à la disposition du lit du Tigre.

Chapitre XVI.

Continuation de l'explication du quatorziéme Verset.

I. *Fausses origines du nom de l'Euphrate.* II. *Veritable origine de ce nom.* III *Vertu attribuée aux eaux de l'Euphrate.*

I. Verset 14. *Et le quatriéme fleuve est l'Euphrate.* Moyse n'a joint aucune marque de distinction à ce fleuve, parce qu'on ne pouvoit le confondre avec les autres qu'il avoit déja fait connoistre ; & que sa grandeur & son voisinage le rendoient assez celebre, dans les lieux, & parmi les peuples pour qui il écrivoit. Ce fleuve a mieux conservé son nom que les autres. C'est une erreur de croire que le nom de l'Euphrate est composé de son nom Ebreu פְּרָת *Perath,*

Fausses origines du nom de l'Euphrate.

I v

& du pronom הוא *hu*, qui se trou-
vent joints dans ce passage : ce
que plusieurs habiles gens ont
pourtant cru. Les Grecs ont
changé *Perath* en *Euphrates*, en
ajustant ce mot, ainsi que tous
les mots étrangers, au genie de
leur langue, comme s'il estoit
dérivé du mot εὐφραίνειν, qui signifie *rejouir*, à cause de l'agrément que porte l'Euphrate dans
tous les lieux de son passage.
Cette etymologie a esté receuë
de plusieurs, comme saint Am-
broise l'a remarqué. Peut-estre
aussi qu'ayant leu que ce fleuve
estoit ainsi nommé à cause de sa
fecondité, ils ont rapporté son
origine au mot εὔφορος, qui signifie *fecond*, *fertile*, & y ont ac-
commodé son nom. Peut-estre
sans avoir en veuë ces etymologies, de *Perath* ils ont fait *Eu-*
phrate ; comme de *Tabor* ils ont

Ambros.
De Parad.
cap. 3.

fait *Atabyrius* ; de *Derceto*, *Ater-gatis*. Ainſi la langue Françoi-ſe, auſſi bien que le dialecte Eo-lien, aime à commencer pluſieurs mots par des *e*, qui ne ſe trou-vent point dans leur racine. De ϛέγη nous faiſons *étage* ; de *ſpiri-tus*, *eſprit*. Les Ebreux meſme ont mis un *u* à la teſte du mot de *Paz*, qui eſt le nom du païs d'O-phir ; & l'ont nommé *Uphaz*.

II. La veritable racine du nom de l'Euphrate, c'eſt l'Ebreu פָרָה *parah*, qui ſignifie *s'augmenter, croiſtre* : & dans la conjuguaiſon *hiphil*, *rendre fecond*, parce que ce fleuve en s'augmentant porte par ſes inondations la fertilité dans tous les lieux qu'il arroſe. C'eſt le ſentiment de ſaint Jeroſ-me, de la pluſpart des Peres, des Interpretes de l'Ecriture, & des Rabbins. Je paſſe pluſieurs au-tres origines de ce mot, que les

Auteurs proposent, pour m'ar-
rester à celle de Josephe. Il écrit
le nom Ebreu φοϱὰ, le pronon-
çant à la maniere des Arabes,
& il l'explique σκεδασμὸν ἢ ἄνϑος,
Dissipation ou Fleur, le derivant
du verbe פּוּר *pur*, qui signifie entre autres choses, *dissiper*, à cause de l'écoulement, & pour ainsi
dire, de la dissipation des eaux
de l'Euphrate; ou du verbe פָּרָה
parach, fleurir, germer, parce que
ses eaux font fleurir & germer les
terres qu'elles baignent. On s'é-
tonneroit qu'un Juif allast chercher des origines si éloignées &
si forcées, ayant celle de פָּרָה
parah, si proche & si naturelle,
si on ne savoit d'ailleurs qu'il ne
raffinoit pas sur la langue Ebraïque.

III. Du reste comme les peuples ont attribué au Gange &
au Nil la vertu de sanctifier les

Joseph.
Antiq. lib.
1, cap. 2,

*Vertu attri-
buée aux
eaux de
l'Euphrate.*

ames; ils ont attribué à l'Euphrate celle de rendre la santé aux corps. Les Arabes ont si bonne opinion des eaux de ce fleuve, qu'ils les boivent pour toutes sortes de maladies, & les croyent mesme un remede infaillible contre la peste; par la vertu qu'elles ont prise dans le Paradis terrestre. Et parce qu'on attribuë le mesme effet au fleuve Hyphasis, Philostorge a pris cét effet pour une preuve qu'il estoit le Phison, & venoit aussi du Paradis.

Philostorg. lib. 3. cap. 10.

CHAPITRE XVII.

Autres preuves de la situation du Paradis terrestre, que j'ay proposée.

I. On prouve encore que le Paradis terrestre estoit situé dans le lieu que j'ay marqué, par la fertilité & la beauté de ce païs: II. & parce qu'il a esté le premier habité. III. Veritable signification du mot Ebreu נוד Nod. IV. Ce que c'estoit que les colonnes des descendans de Seth. V. On peut encore conjecturer la situation du Paradis par le lieu où s'arresta l'Arche de Noë.

On prouve encore que le Paradis terrestre estoit situé dans le lieu que j'ay marqué, par la fertilité, & la beauté de ce païs:

I. APrés avoir tasché de découvrir la situation du Paradis terrestre dans la description que Moyse nous en a laissée, nous pouvons encore trouver d'autres indices, qui nous serviront à le reconnoistre. Telle est la fertilité du païs, & la bonté du terroir, qui semble encore retenir des restes de la benediction que

Dieu y répandit. Car cette fertilité estoit en partie surnaturel-
le, & en partie naturelle. Moyse
nous apprend que Dieu pour former le Paradis, fit germer de la
terre toutes sortes d'arbres desirables à voir, & bons à manger.
Et voulant exprimer dans un autre endroit l'agrément & la fecondité du terroir de Sodome
avant son chastiment, il le com-
pare au Paradis de Dieu : soit
qu'il n'ait voulu signifier qu'un
jardin d'une excellente beauté,
par un Ebraïsme fort ordinaire
dans les livres sacrez, comme
quelques - uns le pensent; soit
qu'il ait entendu le Paradis terrestre, selon la plus commune
opinion. Et l'on ne doute pas
que ce lieu formé surnaturelle-
ment de la main de Dieu, n'ait
esté le modele, sur lequel les
Poëtes profanes ont formé leurs

Gen. 2. 9.

Gen. 13. 10.

Isles fortunées, les champs Ely-
siens, les prez de Pluton, les jardins des Hesperides, d'Adonis,
de Jupiter, & d'Alcinoüs. Et lors
que Xenophon a voulu definir
ces beaux jardins, qu'on appelloit des Paradis, il n'a point employé d'autres termes, que ceux
dont Moyse s'est servi pour d'é-
crire le Paradis terrestre. Mais
outre les ornemens, dont la main
de Dieu l'embellit extraordinairement, on ne peut croire rai-
sonnablement, que Dieu s'estant
proposé de placer le premier
homme dans un lieu de delices,
eust choisi une terre ingrate &
sterile, ou quelque affreux desert, plûtost qu'une contrée heureuse, & déja embellie & enri-
chie dés la naissance du monde.
Or non-seulement la Mesopotamie & la Cœlesyrie, mais encore
la Babylonie, qui s'étendoit jus-

qu'au Golphe Perſique, & une bonne partie de la Syrie, eſtoient alors les plus agreables, & les plus riches rerres du monde. Et cela à un tel point, que la fertilité des jardins de Syrie, la paſſion de ce peuple pour leur culture, & l'abondance de leurs legumes & de leurs herbes potageres, ont paſſé en proverbe. Et pour ne m'éloigner point de la region où j'ay placé le Paradis, depuis la jonction du Tigre & de l'Euphrate, qui ſe faiſoit prés de la ville d'Apamée, ſelon Ptolemée, juſqu'à leur embouchure, leurs bords, tant du coſté de la Suſiane, que du coſté de l'Arabie, ne cedent à aucune autre contrée de l'Aſie en beauté & en fecondité. Je ne veux pas dire qu'on y trouve ces delices que la main de Dieu y avoit répanduës pour en former le Paradis : je ne dis

pas non plus qu'on y trouve toutes celles que le travail du la-
boureur y peut donner : je dis
feulement que le fonds en eft
admirable, & que la nature l'a
renduë capable de toute forte de
culture ; quoy qu'il foit vray que
les pluyes y font rares, & qu'elle
doit toute fa fecondité à la bonté de fon terroir, & aux rivieres
qui l'arrofent. C'eft ce que nous
apprenons des hiftoriens & des
geographes anciens & modernes : & fans rapporter icy une
longue fuite de paffages, il doit
fuffire de dire que ç'ont efté ces
delices & ces beautez qui ont
fait donner le nom *d'Eden*, c'eft-
à-dire *volupté*, à la province où
eftoit le Paradis. Le nom de l'ifle
Chader, que forment le Phifon
& le Gehon, marque fa beauté ;
خَضِيرٌ & خَضِرٌ *Chadiron*, en
Arabe, fignifie *verdoyant, agrea-*

ble à voir. L'autre ifle nommée *Gezair*, c'eft-à-dire *l'Ifle* par excellence, qui eft immediatement au-deffus de la jonction du Tigre & de l'Euphrate, ne cede point en beauté à l'ifle de Chader. Les Neftoriens luy ont donné le nom d'Eden, foit à caufe de fon amenité, foit par la connoiffance qu'ils avoient que la province d'Eden eftoit dans ce païs, & s'étendoit jufqu'à cette ifle. Je trouve encore une troifiéme ifle en ces quartiers renommée pour fes delices. C'eft le terroir des environs de Baffora qui eft enfermé entre deux petites rivieres faites à la main. L'une s'appelle la riviere d'Abulla, & l'autre la riviere de Mocali. Les peuples d'Afie ont quatre lieux qu'ils nomment pour leur agrément *Les jardins du monde,* & qui font pour eux ce que les Tempé de

Theſſalie eſtoient parmi les Grecs. L'un eſt en Perſe & s'appelle *la Riviere de Bavan*; l'autre eſt dans la Bactriane, prés de Samarcande; le troiſiéme eſt *Le verger de Damas*; & le quatriéme eſt le territoire de Baſſora, qu'ils nomment *La riviere d'Abulla.* C'eſt aſſurement cette iſle que l'Indien Pilpay dans ſon livre Des lumieres, repreſente aux environs de Baſſora, ſi delicieuſe, couverte d'un bois tres-agreable, joüiſſant d'un air extremement doux, & arroſée de pluſieurs fontaines, dont les eaux ſerpentent de tous coſtez. Tout le païs qui eſt entre les iſles Chader & Gezair, qui eſt le païs du Paradis terreſtre, ne leur eſt point inferieur en agrément. Car les Voyageurs nous aſſurent que le Grand Seigneur n'a point de meilleures terres, que celles qui font entre Bagdad & Baſſora. Que ſi quelques-unes demeurent incultes, il s'en faut prendre à la ſolitude du païs, ou à la pareſſe des habitans.

II. L'opinion que j'ay propoſée touchant la ſituation du Paradis terreſtre, ſe prouve encore tres-ſolidement de ce que ce païs a eſté le premier habité. Il nous en reſte peu de marques, mais celles qui reſtent, concourent à cette preuve. La premiere eſt cette ville que baſtit Cain à l'Orient d'Eden, & à qui il donna le nom de ſon fils Enoch. Ptolemée dans la deſcription de la Sufiane, marque juſtement à l'Orient du lieu où j'ay placé le Paradis une ville nommée Anuchtha. On ſçait que la ſyllable *tha*, qui termine ce mot, eſt une terminaiſon aſſez ordinaire des noms feminins de la langue Chal-

& parce qu'il a eſté le premier habité.

Gen. 2. 16, 17.

Ptol. lib. 6. cap. 3. & Tab. 5. Aſiæ.

daïque, & qu'elle ne fait pas partie des noms mefme. Il ne refte
donc qu'*Anuch*, qui eft fans difficulté la mefme chofe qu'Enoch.
Et voilà conftamment la plus ancienne ville du monde.

III. Il n'eft demeuré aucune
trace du nom de *Nod* qu'on pré-
tend avoir efté le nom du païs
où Caïn fe retira, & où il baftit
cette ville d'Anuchtha. Auffi
n'eft-il pas conftant que les mots
du texte Ebreu fe doivent traduire ainfi, *Et il habita dans la
terre de Nod*, ou felon les Septante, *en la terre de Naïd;* & que
du mot נד *nad*, que l'on traduit
errant, tel qu'on pretend qu'eftoit Caïn, on ait donné le nom
à la terre où il fe retira ; comme
on a feint que le Latium a efté
ainfi nommé du mot *lateo, je
fuis caché*, parce que Saturne s'y
cacha, quand il fut chaffé du

Ciel. Je ferois plûtoft de l'avis de faint Jerofme, qui rejette cette traduction, & je croirois volontiers que *nod* en cét endroit fignifie feulement *fugitif, banni*, ce qui exprime l'état où eftoit Caïn. Je n'ajoufterois pas à cette expofition, comme faint Jerofme, σαλδυόμνος, *errant :* car cét état ne convient pas à un homme qui fixe fa demeure, en baftiffant une ville pour l'habiter; & le mot de יָנ, *nah*, que Moyfe ajoufte à celuy de נ, & qui eft traduit *vagus*, dans la Vulgate, peut fignifier *ému, agité interieurement*. C'eft ainfi que les Septante l'ont entendu, en traduifant, ςένων ϰαὴ τρέμων, *foupirant & tremblant*. Et peut-eftre le σαλδυόμνος de faint Jerofme ne fignifie-t-il autre chofe.

IV. Jofephe rapporte que les defcendans de Seth, connoif-

Hieron. Quæft. Eb. in Genef.

Gen. 14. 12, 14.

Ce que c'eftoit que les colonnes

des defcendans de Seth.
Joſeph. Antiq. lib. 1, cap. 3.

ſant par les predictions d'Adam, que le monde devoit perir par l'eau premierement, & puis par le feu, & voulant conferver à la poſterité les decouvertes qu'ils avoient faites dans l'Aſtronomie, les graverent fur deux colonnes, l'une de pierre pour refiſter à l'eau, l'autre de brique pour refiſter au feu; & qu'ils placerent ces colonnes dans la Syriade, *καὶ τὴν Σειριάδα.* Je me ſuis bien tourmenté autrefois, pour découvrir ce que c'eſtoit que cette Syriade, & pour y trouver ces colonnes. M. Voſſius a eſté plus heureux que moy, & a montré que Joſephe appelle la Syriade, le lieu qui eſt appellé Sehirath dans le livre des Juges. Ce lieu eſtoit en Galgal, dans le territoire de Jericho, & l'on y voyoit quelques figures entaillées. Ces figures ſont appellées הפסילים

Voſſ. de ætate mundi, cap. 10.

Judic. 3. 27, 19.

happeſilim,

happesilim, dans l'Ebreu ; τὰ γλυ-
π]α, dans les Septante. Il y a
toute l'apparence du monde, que
ces graveures eftoient les Tables
Aftronomiques, que l'on difoit
que les defcendans de Seth a-
voient entaillées fur des pierres.
Et l'on pourroit conclure de là
qu'Adam & fes defcendans auroient habité dans la Judée, comme plufieurs Peres de l'Eglife
l'ont cru, ce qui ne reviendroit
pas à noftre compte. Mais c'eft
une fable que de rapporter la fa-
brique de ces colonnes aux defcendans de Seth, & mefme de
les faire plus anciennes que le
Deluge. C'eftoit plûtoft un ouvrage des anciens habitans du
païs de Chanaan, intelligens
dans l'Aftronomie, à l'exemple &
par les inftructions des Egyptiens
& des Chaldéens leurs voifins,
peuples que la nature de leur

K

païs, plat & découvert, avoit
invitez à la contemplation des
Aftres, & qu'un long ufage y a-
voit rendus tres-favans. Ce fut
auffi à l'exemple des Egyptiens
qu'ils graverent leur fcience fur
des pierres, pour en laiffer la me-
moire & le profit à la pofterité:
& ces infcriptions des Chana-
néens, auffi-bien que celles des
Egyptiens, ont donné lieu à beaucoup de fables. On ne peut donc
tirer aucune confequence de ces
colonnes, qui nous faffe juger du
lieu de la demeure des premiers
hommes.

On peut en-
core conje-
Eturer la
fituation du
Paradis,
par le lieu
où s'arrefta
l'Arche de
Noé.

    V. Mais on peut du moins le
conjecturer, par celuy où s'arrefta l'Arche aprés le Deluge.
Moyfe dit que ce fut fur les montagnes d'Ararat, c'eft-à-dire, felon les meilleurs Interpretes, fur
les monts Gordyens, qui eftoient
proches de la fource du Tigre &

de la grande Armenie ; & qui s'é-
tendoient affez loin au Levant,
& au Midy vers l'Affyrie. Or
puifque les pluyes ne furent pas
la feule caufe du Deluge, mais
encore le debordement de l'O-
cean, comme l'Ecriture nous l'ap-   Gen. 7. 11.
prend, en difant que les fontai-
nes du grand abyfme furent rompuës, ce debordement qui venoit de la mer Perfique, ordinairement fi impetueufe dans ce
Golphe, partant du Sud, & rencontrant l'Arche aux environs du
lieu où j'ay mis le Paradis, l'em-
porta au Nord, vers les monts
Gordyens, dont le Meridien n'eft
pas éloigné de celuy du Paradis.
A quoy fi l'on ajoufte la violence des vents pluvieux du Midy, qui vrayfemblablement fou-
floient alors, & aidoient le mou-
vement des eaux, on n'aura pas
de peine à comprendre que l'Ar-

che, à cause de sa figure, fort peu propre à la navigation, & de sa pesanteur qui luy faisoit tirer beaucoup d'eau, ne faisoit qu'u- ne lieuë & demie par jour vers le Nord. Car à ce compte nous trouverons que partant du lieu où Ptolemée place la ville d'A- racca, qui est à peu prés l'endroit où je crois qu'estoit situé le Para- dis, elle dut se trouver sur les monts Gordyens, au bout de cent cinquante jours, que dura le Deluge.

Chapitre XVIII.

On répond aux objections.

I. *Premiere objection.* II. *Seconde objection.* III. *Troisiéme objection.* IV. *Quatriéme objection.*

Premiere objection.

I. IL s'agit maintenant de ré- pondre aux objections qui ont esté faites contre l'opinion

de Calvin, & de Scaliger, en ce
qu'elle a de commun avec la
mienne, & à celles que l'on me
peut faire. On a objecté premierement que ce fleuve formé de la
jonction du Tigre & de l'Euphrate, qu'on appelle aujourd'huy le
Fleuve des Arabes, n'entre dans
le Golphe Perfique, que par une
feule embouchure; d'où il s'en-
fuit que les deux canaux de fa
divifion, que je prétends eftre le
Phifon & le Gehon, font deux
canaux imaginaires. J'ay déja fait
voir par l'autorité des anciens
Ecrivains, & des Voyageurs modernes, la fauffeté de cette objection. Ce qui a caufé l'erreur,
eft que ce fleuve en fe féparant,
enferme une affez grande étenduë de païs, qu'on nommoit autrefois Meffene, & aujourd'huy
Chader. Si l'on ne confidere cette terre que comme une ifle po-

K iij

sée au milieu de l'embouchure
du fleuve, il sera vray de dire que
ce fleuve n'a qu'une embouchure. Mais il sera encore plus vray
de dire que cette embouchure
estant divisée par une grande
isle, longue de plus de quatre-
vingt lieuës, comme l'assure Teixeira, témoin oculaire; & large
de plus d'un degré, selon la de-
lineation des Tables de Prole-
mée, est composée de deux bras
fort éloignez l'un de l'autre, qui
ont chacun leur embouchure
particuliere. De sorte que ce
grand fleuve a une ou deux embouchures, selon les diverses manieres de les considerer. Il n'a
qu'une embouchure, mais sepa-
rée par une fort grande isle; où
il a deux embouchures, savoir
celle des deux bras qui le partagent.

Seconde
objection.

  II. On objecte ensuite que

ces deux bras ne font pas des fleuves differens du Tigre & de l'Euphrate, puis qu'ils font formez
de leurs eaux, & partant que
nous ne defignons pas les quatre
fleuves qui fortoient du Paradis,
comme les paroles de Moyfe fem-
blent le requerir. Mais il eft vifi-
ble que cette queftion n'eft que
de nom; & il n'eft pas nouveau
qu'un fleuve change de nom en
fe partageant. On auroit raifon
de dire de la ville de Cologne,
qu'elle eft arrofée d'un fleuve
qui fe divife en quatre teftes, là
Mofelle & le Rhin, l'Iffel & le
Vahal.

I I I. La troifiéme objection eft *Troifiéme*
plus frivole encore que celle-là. *objection.*
Ce que Moyfe appelle *des teftes*,
fe doit entendre, dit-on, des
fources des quatre fleuves, & non
pas de leurs extremitez aux endroits de leur jonction & de leur

separation. On ne demeure pas
d'accord que le mot Ebreu
ראשים *Raschim*, dont se sert
Moyse, celuy d'ἀρχαὶ, dont se ser-
vent les Septante, & celuy de
capita, dont se sert l'Auteur de la
Vulgate, signifient *des fontaines*.
On trouve dans ces langues des
termes propres pour signifier des
fontaines, & on ne peut dire
pourquoy Moyse & ses Traducteurs auroient evité ces termes, pour en prendre d'ambi-
gus. Ceux dont ils se sont servis,
signifient de nouvelles entrées
dans les divers lits des fleuves,
par rapport à la situation du Paradis terrestre. Mais cela a déja
esté dit.

Quatriéme objection. IV. Passons à la derniere objection qu'on nous peut faire, &
qui est la plus raisonnable. Plusieurs anciens Auteurs assurent,
que l'Euphrate entroit autrefois

dans la mer par une embouchure particuliere; mais que les Arabes Scenites, & plusieurs autres peuples qui habitent sur ses rives, l'ayant détourné sur leurs terres arides par une infinité de saignées, l'ont enfin affoibli, en sorte qu'il s'est perdu dans des marais, sans avoir eu la force de gagner la mer. Il avoit son cours du costé du Couchant, vers l'Arabie, entre le lieu ou Moyse écrivoit son Pentateuque, & le canal que j'appelle Phison. D'où il s'ensuit que quand Moyse a parlé de l'Euphrate, il n'a pu entendre que ce canal, qui estoit alors le veritable Euphrate, qui n'avoit point encore esté épuisé par les saignées, & qui ne pouvoit passer pour une des quatre testes, dont je pretens qu'il a parlé. Et il s'ensuit aussi que dans le denombrement qu'il a fait des quatre fleuves, & qu'il a commencé felon moy par celuy qui luy eftoit le plus proche, il a du commencer par l'Euphrate. J'ay déja prevenu cette objection, lors que j'ay dit qu'il eft tres-vray-femblable que ce canal de l'Euphrate, qui tomboit dans la mer par une embouchure particuliere, n'eftoit qu'une échappée de l'amas des eaux que les Arabes avoient derobées à ce fleuve, pour abbreuver leurs terres, & que ces peuples continuant leurs larcins avoient enfin tari ce conduit. Ainfi l'art ayant defait l'ouvrage de l'art, les chofes fe font retrouvées dans l'état où elles eftoient du temps de Moyfe. Peut-eftre auffi n'eft-ce qu'un torrent caufé par les debordemens de l'Euphrate, qui alloit quelquefois jufqu'à la mer, & quelquefois demeuroit en che-

min. Il alloit jusqu'à la mer,
lors que ces debordemens rem-
plissoient les saignées & les marais que produisoit l'assemblage
des eaux de ces saignées : & il
demeuroit en chemin, quand le
debordement de l'Euphrate a-
voit cessé. Mais quand ce canal
seroit mesme aussi ancien que le
Paradis terrestre, pourveu qu'on
soit assuré d'ailleurs, comme on
l'est tres-certainement sur le témoignage de l'antiquité, & par la
disposition naturelle des lieux,
que l'Euphrate se joignoit au Tigre, nostre opinion subsisteroit.
Car encore que ce bras de l'Euphrate se trouvast situé entre l'A-
rabie Petrée, où Moyse écrivoit,
& le canal que je pretens estre le
Phison, Moyse auroit bien pû n'y
avoir aucun égard, & n'avoir con-
sideré que les quatre fleuves, qui
appartenoient à sa description.

CHAPITRE XIX.

Recapitulation de tout ce Traitté.

I. Dieu planta un Jardin en Eden du costé d'Orient. II. Un fleuve sortoit d'Eden, pour arroser le Jardin. III. Il se divisoit & estoit en quatre testes. IV La premiere est le Phison, V. qui arrose la terre de Chavilah, fertile en or; VI. en perles, & en Bdellium; en Onyx, & en toutes sortes de pierreries. VII. Le second fleuve est le Gehon, qui arrose la terre de Chus. VIII. Le troisieme est le Tigre, qui va vers l'Assyrie: & le quatriéme est l'Euphrate. IX. Toutes les marques, par lesquelles Moyse a désigné la situation du Paradis, ne peuvent convenir qu'à celle que j'ay proposée. X. La question de la situation du Paradis terrestre ne touche point à la Foy.

Dieu planta un Jardin en Eden du costé d'Orient.

I. JE crois avoir satisfait à mon entreprise, & avoir solidement prouvé que le Paradis terrestre estoit situé sur le fleuve que produit la jonction du Tigre & de l'Euphrate, & qu'on appelle

aujourd'huy le Fleuve des Arabes,
entre cette jonction & la division
que fait ce mesme fleuve, avant
que d'entrer dans la mer Persique. Mais parce que les preuves
que j'ay apportées, pour estre
trop étenduës, feroient peut-estre
moins d'effet sur l'esprit du Lecteur, elles le persuaderont davantage estant ramassées, & se pre-
sentant toutes ensemble. Moyse dit donc que *Dieu planta un
jardin en Eden.* Nous trouvons
une province de ce nom sur les
bords de ce fleuve, & vers le lieu
que j'ay marqué. Cette province a merité le nom d'*Eden*, qui
signifie *volupté*, à cause de son
agrément & de sa fertilité. Quoy
qu'aujourd'huy elle soit presque
inculte, elle semble neantmoins
porter encore des marques de la
main liberale de Dieu dans la
bonté de son terroir. Ce Jardin

estoit situé *du costé d'Orient*, c'est-
à-dire dans la partie orientale
du païs d'Eden, qui occupoit les
deux bords du fleuve. Cela peut
aussi signifier cette rive orientale qui dans toute l'étenduë du
cours du Tigre, portoit le nom
de *Kedem*, c'est-à-dire *Orient*,
comme un nom propre & non
comme un nom appellatif. De
mesme que les terres situées sur
la rive occidentale, portoient le
nom propre de *Ereb*, c'est-à-dire *Occident*, d'où l'Arabie a tiré
son nom. De sorte que Moyse
a voulu nous faire entendre, que
le Paradis, du moins en sa plus
grande & principale partie, estoit placé sur la rive orientale
du fleuve. Outre la bonté naturelle de cette contrée, Dieu l'embellit extraordinairement pour
en former le Paradis, en faisant
germer de la terre toutes sortes d'ar-

*bres deſirables à voir, & bons à
manger.*

II. *Ce fleuve ſortoit d'Eden,
pour arroſer le Jardin,* c'eſt-à-dire
qu'aprés avoir traverſé cette pro-
vince il entroit dans le Jardin: qui eſtant à l'Orient d'Eden, il
falloit que le fleuve, là où il en-
troit dans le Jardin, euſt ſon cours
de l'Occident à l'Orient: & par
conſequent qu'il fuſt ſitué ſur
un des détours du fleuve, qui
tient cette route. Et comme entre ſa jonction & ſa diviſion, il
ne fait point de détour plus remarquable, que ce grand que
l'on voit dans les Tables de Ptolemée, il y a toute ſorte d'apparence, que le Paradis eſtoit
placé à l'extremité orientale de
la branche meridionale de cette
courbure. Les Cartes modernes
ne la repreſentent pas: mais il
faut ſe ſouvenir des changemens

*Un fleuve
ſortoit d'E-
den pour
arroſer le
Jardin.*

que l'art a apportez au cours de ces rivieres. Elles marquent celle-cy tirant un peu de l'Occident à l'Orient, entre la jonction du Tigre & de l'Euphrate, & la ville de Baſſora. Quand le cours des eaux auroit eſté ainſi diſpoſé dés le temps du Paradis terreſtre, & non ſelon les Cartes anciennes, il conviendroit encore à la deſcription de Moyſe.

Il ſe diviſoit & eſtoit en quatre teſtes.

III. Ce fleuve eſtant conſideré par rapport au Jardin, ſelon la diſpoſition de ſon lit, & non ſelon le cours de ſon eau, *ſe diviſoit & eſtoit* partagé, non pas en quatre fontaines, comme pluſieurs Interpretes l'ont cru, mais *en quatre teſtes*, c'eſt-à-dire en quatre entrées ou ouvertures de quatre branches differentes. Ces quatre branches eſtoient quatre fleuves; deux au-deſſus, par rapport au cours de l'eau, favoir l'Euphrate & le Tigre; deux au-deſſous, favoir le Phiſon & le Gehon.

IV. Moyſe qui écrivoit ces choſes dans l'Arabie Pierreuſe, voulant faire le denombrement de ces fleuves, pour faire connoiſtre la ſituation du Paradis terreſtre, l'a commencé par *le Phiſon*, que je pretens eſtre le canal occidental des deux qui font le partage du fleuve, avant qu'il entre dans la mer : parce que c'eſtoit le plus proche du lieu où il écrivoit, & qu'il ſe preſentoit le premier à ſon eſprit, comme il ſe feroit preſenté le premier à ſes yeux & à ſes pieds, s'il s'eſtoit acheminé de ce coſté-là. Et comme de la connoiſſance de ce premier fleuve dependoit en quelque ſorte celle des autres, il luy a appoſé plus de marques pour le faire reconnoiſ-

La premiere eſtoit le Phiſon.

tre qu'aux autres ; & ces marques luy sont particulieres, & ne peuvent convenir qu'à luy seul.

V. La premiere marque est que ce fleuve, *est celuy qui tournoye dans toute la terre de Chavilah*. De la connoissance de cette terre depend celle du Phison, & on ne peut pas douter que ce ne soit celle qui est à l'extremité septentrionale de la coste orientale d'Arabie, c'est-à-dire sur la rive occidentale de l'embouchure de l'Euphrate & du Tigre. L'Écriture en designe exactement la situation, lors qu'elle marque Chavilah & Sur, comme les deux extremitez de l'Arabie voisine de la Terre sainte. Car Sur estant à l'entrée d'Egypte, vers l'extremité du Golphe Arabique, il s'ensuit que Chavilah estoit à l'autre costé de l'Arabie, à l'extremité du Golphe Persique.

Ajouſtez à cela le témoignage des Auteurs payens, qui ont placé en ce meſme endroit les peuples appellez Chavlaſiens , & Chavlothéens, noms formez indubitablement de celuy de Chavilah. Toutes les marques que Moyſe nous a données pour reconnoiſtre Chavilah , conviennent parfaitement au païs que je deſigne. *Il y a de l'or, & l'or de cette terre eſt bon* , comme David & Ezechiel l'atteſtent , & comme on l'infere des preſens que les Mages apporterent à noſtre Seigneur.

Pſalm. 72. 10 , 15. Ezech. 27. 20, & ſeq.

VI. *Là eſt le Bdellium* , ſoit qu'on entende des perles par ce mot, tel qu'il eſt écrit en Ebreu; ſoit qu'on entende une gomme aromatique. La plus grande peſche de perles qu'on connoiſſe au monde, ſe fait proche de l'iſle de Baharen , qui eſt dans le Gol-

en perles , & en Bdellium ; en Onyx , & en toutes ſortes de pierreries.

phe Perſique, prés de la coſte de
Chavilah, & à laquelle conduit
le Phiſon. Les Auteurs anciens
& recens parlent de ces perles,
qu'on prefere à toutes les perles
du monde : & meſme toute cette coſte, depuis Maſcate juſqu'au
Catif, eſt fertile en perles. L'Arabie n'eſtoit pas moins abondan-
te en Bdellium, gomme precieu-
ſe, qu'on appelle aujourd'huy
de l'Anime. Elle ne l'eſtoit pas
moins *en pierres d'Onyx*, qui au
rapport de Pline ne ſe trouvoient
que dans les montagnes d'Arabie. D'ailleurs les environs du
Tigre & de l'Euphrate, eſtant
alors les païs du monde les plus
peuplez & les plus puiſſans ; &
les marchandiſes y abordant de
tous coſtez, celles d'Arabie, ſi
neceſſaires au luxe & aux plai-
ſirs n'y eſtoient pas oubliées, & la
province de Chavilah qui eſtoit

Plin. lib.
36. cap. 7.

fur la route, fervant d'entrepoſt,
il falloit que toutes les pierreries, & tous les arromates d'Arabie s'y trouvaſſent en abondance.

VII. En fuivant l'ordre de
Moyſe, aprés avoir traverſé le
canal occidental, par où le Tigre & l'Euphrate joints enſemble
tombent dans la mer, on rencontre le canal oriental, qui doit
eſtre par conſequent *le Gehon.*
C'eſt celuy qui tournoye dans toute
la terre de Chus, c'eſt-à-dire dans
la Suſiane, qui retient encore cet
ancien nom, & qu'on appelle aujourd'huy *Chuzeſtan,* & qui eſt la
meſme que l'Ecriture appelle ailleurs *Cutha,* ſelon la diverſité des
dialectes. De ce nom de *Chus* ſe
ſont formez les noms des *Coſ-*
ſéens, & des *Ciſſiens,* peuples de
la Suſiane, dont les Auteurs pro-
phanes font mention. Et c'eſt ce
qui leur a fait dire que la mere

Le ſecond fleuve eſt le Gehon, qui arroſe la terre de Chus.

4. Reg. 17. 24.

de Memnon, prince de la Susiane, estoit Cissienne.

Le troisiéme est le Tigre, qui va vers l'Assyrie : & le quatriéme est l'Euphrate.

VIII. *Le troisiéme fleuve Chid-dekel, qui va vers l'Assyrie*, est le Tigre. Le nom le montre, car ostant la premiere lettre de *Chid-dekel*, qui n'est qu'une aspiration, il reste *Dekel*, d'où se sont formez les noms de *Diklav, Di-glath, Degil, Degela, Diglito, & Tigris.* Si du lieu où je place le Paradis terrestre, on pouvoit voir la disposition du lit qu'occupe ce fleuve, on remarqueroit qu'il va en effet vers l'ancienne Assyrie, dont la capitale estoit Ninive. Et *le quatriéme fleuve* enfin est *l'Eu-phrate*, qui a conservé son nom jusqu'à present.

Toutes les marques par lesquel-les Moyse a designé la situation du Paradis, ne

IX. Si l'on examine sans pre-vention tous ces caracteres, par lesquels Moyse a voulu faire re-connoistre la situation du Para-dis terrestre, l'on trouvera non

feulement qu'ils quadrent exactement à celle que je propofe,
mais mefme qu'ils ne peuvent
convenir à aucune autre, ni de
celles qu'on a imaginées jufqu'à
prefent en tres-grand nombre,
ni de celles que l'on peut imagi-
ner. Car il n'y a point d'autres
provinces de Chavilah & de
Chus, que celles que j'ay marquées, où l'on puiffe trouver un
Phifon & un Gehon : il n'y a
point d'autre Tigre qui aille vers
l'Affyrie : il n'y a point d'autre
Euphrate, de qui on puiffe dire
qu'il fait une des quatre teftes,
qui partageoient le fleuve, qui
arrofoit le Paradis terreftre : & il
n'y a point enfin d'autre lieu,
que celuy où j'ay placé le Paradis, qui foit arrofé d'un fleuve
divifé en ces quatre que je viens
de nommer.

X. Du refte il ne faut pas que

peuvent convenir qu'à celle que j'ay pro-poſée.

La queſtion de la ſitua-

les ames pieuses soient choquées de la nouveauté de ce sentiment, si éloigné de ce que les Peres de l'Eglise ont pensé. J'ay fait voir dés le commencement de ce Traitté, qu'ils ont esté partagez eux-mesme en une infinité d'opinions differentes, & qu'il n'y a entre eux, ni dans l'Eglise, aucune uniformité de doctrine, ni de tradition sur ce sujet. Et aprés tout, saint Augustin declare que la question de la situation du Paradis terrestre, ne touche aucunement à la Foy qui nous fait Chrestiens, & qu'on peut croire là-dessus le vray ou le faux sans aucun peril d'heresie.

FIN.

TABLE

tion du Paradis terrestre ne touche point à la Foy.

August. De peccat. orig contra Pelag. & Cælest. lib. 2. cap. 23.

TABLE
DES MATIERES.

A

L.

B

C

TABLE

DES MATIERES.

N

P

V

9 782019 126940